SHODENSHA
SHINSHO

聞と日本人

なぜ、真実を伝えないのか

元彦

祥伝社新書

まえがき

報道の使命とは、いったい何だろうか？

改めて言うまでもなく、国民主権の民主主義国家において、その「主人」である国民が的確に状況判断できるように、情報をできるだけ公平な視点で提供することだろう。

世の中にはさまざまな意見というものがあるが、この点に関して異論があるという人はほとんどいないだろう。ヒトラーや毛沢東《もうたくとう》をこそ立派な政治家で、現在の中国や北朝鮮のような国家のほうが正しい形態だと思う人は、別であるが。

ところが残念ながら日本においては、この点で本来ならば国民の耳目《じもく》となるべき新聞がそうなってはいない。

それどころか、譬《たと》えて言えば、中国や北朝鮮で国民を欺《あざむ》き従わせるための「教育映画」を作っているような感覚で、「報道」をしている新聞すらある。

そうした新聞はまさに言語道断と言うべきだが、問題は本来そのように評せられる新聞はとっくの昔に国民に見放され無くなっているべきなのに、そうなっていないという、恐るべき事実である。

要するに、国民の側にも問題があるということだ。悪徳企業がはびこるのは、悪徳企業を持てはやす人間がいるからである。

いやそれは違う。

彼らは被害者で騙《だま》されたのだ、と反論する人もいるかもしれないが、本当にそうだろうか？

私はそうは思わない。残念ながら日本には、まともな民主主義国家ならば「悪徳新聞」と評せられるべき新聞が「良心的な新聞」と受け取られるという、いや、そう受け取る国民がいるという、実態がある。

その実態について分析し、その根本的な原因を歴史にさかのぼって追及するというのが、この本のテーマである。

反発を覚える方もいるだろうが、まずは読んでいただきたい。きっと、あなたの知らない事実を知ることになるはずである。

そのうえでどういう判断をするかは、あなたの問題である。報道の本来の使命は的確な情報を提供し、国民の判断の材料にすることなのだから。

平成二十七年五月

井沢元彦《いざわもとひこ》

目次

第二章　戦前のほうが酷《ひど》かった〝やらせ〟の体質

第三章 〝言霊《ことだま》〟に縛られる限り、何も変わらない——137

第一章　「朝日新聞」は、どこで間違えたのか？

●欠点を指摘しても動かない、『朝日新聞』が「ものスゴイ」と言える事実

本書を通じて、私はすべての日本人に気がついてもらいたいことがあります。

それは「『朝日新聞』という新聞がものスゴイ新聞である」という事実です。

これは冗談を言っているのでもなければ、茶化しているのでもない。ましてやホメ殺しをしようなどという意図もまったくありません。

多くのマスコミ機関あるいは評論家がいかに批判しようと、花田紀凱《はなだかずよし》氏が、百田《ひゃくた》尚樹《なおき》氏が、あるいは井沢元彦がいかに徹底的に『朝日新聞』の欠点を指摘しようと、この「ものスゴイ新聞である」という事実は揺るがない。

これはまさに客観的事実。そうであるから、そのこと自体は認めなければなりません。

もちろん、それは『朝日新聞』が良心的新聞であるという意味でもなければ、報道機関として優良であるという意味でもありません。

いわんや『朝日新聞』がクオリティーペーパーだというのでもありません。むしろその逆です。にもかかわらず『朝日新聞』がなぜ「ものスゴイ」のか？

わかりませんか？

日本人は日本の歴史を知りません。それは歴史学者と呼ばれる専門家でも同じことです。なぜなら彼らの知識は非常に狭く、限定的なものでしかないからです。そのことに気がついた私は、素人《しろうと》ながら自著の中で歴史の記述を始めました。私の本の愛読者ならよく知っている話です。

しかし、本書を読んでいるあなたは私の愛読者ではないかもしれません。

そこで、ここで一つクイズを出しましょう。

「日本とタイでは、どちらが道路の舗装率が上でしょうか？」

これは、私の本の愛読者なら誰でも答えを知っている問題ですが、私の本の愛読者ではない方は「日本に決まっているだろう」と答えたのではないでしょうか。

確かに日本はタイよりも早く近代化を進めました。鉄道や上下水道、あるいは港湾設備などのインフラ整備率も、タイのはるかに上を行っています。

しかし、道路の舗装率だけは、実はタイのほうがはるかに上なのです。

公益社団法人日本道路協会が作成した『世界の道路統計　２００５』によれば、タイの道路舗装率は98・5%。これに対し、日本の舗装率は79・0%にしか達していません。

もっとも、この数字は日本の道路舗装の目標舗装率をアップするために現況を過小評価したのだという批判もありますが、それにしても多くの人にとって、これは意外な数字だったのではないでしょうか。

なぜタイのほうが舗装率が高いのでしょう。

それは、日本以外の国は昔から道路を石畳で舗装していたからです。

その理由は、近代以前、日本以外の国は馬車を使用していたからです。馬車が走るためには、道路の舗装が必要不可欠なのです。

あなたはこの事実を知っていましたか？

「そう言われてみれば、大河ドラマにも東映時代劇にも馬車は出てこなかったな。シンデレラはカボチャの馬車に乗っているのに日本のお姫様は馬車に乗っていないな」

もしかしたら、こんなふうに今初めて気がついた方もいるのではないでしょうか。

日本以外の国では近代以前から馬車を使っており、その馬車を円滑に運行するために道路を石畳で舗装していました。ローマ帝国も中国の歴代王朝も、朝鮮半島の歴代国家もタイ王国も、王族や貴族や役人は、いや庶民さえも馬車を愛用していました。そのため、道路の舗装は欠かせないものだったのです。

一方、日本は明治になるまで馬車を使いませんでした。

そのため東海道も中山道《なかせんどう》も、あらゆる街道が舗装されていません。明治になってから、まさにゼロの状態から舗装を始めているのです。だから、過去の蓄積のあるタイにも、韓国にも、日本はまだ追いつけていないのです。

●これからも、約六〇〇万部以上は確実に売れる

近代以前、日本は、馬がいるのに馬車を使わなかったほとんど唯一の国であった。

これが事実であることは、舗装率の低さから納得していただけたと思います。

さて、問題はここからです。

なぜ皆さんは、この事実を知らなかったのでしょう。

その理由を考えてみてください。

教科書に書いてなかったから？

では、なぜ教科書に書かれていなかったのでしょう。

答えは簡単です。教科書を書いた歴史学者の先生が、このことに気がついていないからです。

では、教科書の執筆を任されるほどの歴史学者が、なぜ気がつかなかったのでしょう。

答えは、外国と比較していないからです。

彼らは朝から晩まで日本史を研究しています。でも、その視野は狭く、日本の中しか見ていません。だから、ちょっと顔を上げて外国を見れば、すぐにわかったはずのこのことに気がつかなかったのです。

もうおわかりだと思いますが、この「ちょっと顔を上げて見る」というところが、私と普通の歴史学者との違いなのです。

話を『朝日新聞』に戻しましょう。

そもそもの問題は、なぜ『朝日新聞』が「ものスゴイ新聞」なのか？　ということでしたね。

「ちょっと顔を上げて」見れば、『朝日新聞』は世界一ユニークな新聞だと言っても過言ではないと思います。それほど『朝日新聞』はスゴイのです。

どんな職業にも職業倫理というものがあります。

たとえば医者は人の命を救うのが使命であり、絶対にやってはいけないことといえば人体実験でしょう。

警察官が絶対にやってはいけないことは、所持している拳銃で人を殺すことでしょう。警察官は治安を守るために特別に拳銃所持を許されているのですから、これをいいかげんに使われては困ります。

では、報道機関はどうでしょうか。

新聞社が絶対にやってはいけないことは、間違った情報を流して社会に害毒を与えることです。

もちろん、新聞社も人間の集団ですから、犯すつもりはなくても過《あやま》ちを犯してしまうことはあります。そして、そういうときには、人間でも組織でも誠実に謝罪するという対処法があります。

しかし『朝日新聞』の一連の行動は、そうしたものとかけ離れたものであることは、多くの識者の指摘するところでもあります。

つまり『朝日新聞』は、医者で言えば人体実験のような絶対やってはいけないことをやり、きちんとした謝罪もしないのに、いまだに数百万の読者に支持されている、ということになるのです。

従軍慰安婦問題についての事件が起こるまで、『朝日新聞』は約七〇〇万部売れていました。これはとりもなおさず、それに相当する読者がいたということです。今回の騒動で数十万部を減らしたという観測もありますが、大方の予測では一〇〇万部を減らすことはないと考えられています。つまり、これからも約六〇〇万部以上は確実に売れるということです。

日本の人口は約一億二〇〇〇万人ですから、六〇〇万部といえば日本人二〇人に一人は『朝日新聞』の読者ということになります。

「絶対にやってはいけないこと」をやった組織の一つに「船場吉兆《せんばきっちょう》」という料亭がありました。謝罪会見の席で、女将《おかみ》が息子の耳元で返答を指示した「ささやき会見」で有名になった、あの料亭です。

船場吉兆は、名門料亭でありながら一度客に出した料理を再び使うなどという、場末のレストランでもしないようなことをしておきながら、その釈明会見で誠実な態度を見せませんでした。その後、当然の結果としてこの店は倒産しました。当たり前の話です。これが世界の常識というものです。

ところが、「同じこと」をしながら『朝日新聞』は潰《つぶ》れていません。それどころか「がんばれ」と応援する読者が少なからずいるのです。これは、世界の常識では絶対にあり得ないことです。

私は、この問題は文化人類学、あるいは社会学の絶好の研究対象だと思います。そしてこの問題を研究するに当たり、まず最初に認識しておかなければならないことが「『朝日新聞』ほどスゴイ新聞社は世界のどこにもない」という客観的事実なのです。

●なぜ不祥事を起こしても、売り上げがダウンしないのか

これで、「『朝日新聞』はものスゴイ新聞であり、世界に冠《かん》たるユニークな新聞でも

ある」という客観的事実がおわかりいただけたことと思います。

しかし、まだまだ本当の「ものスゴさ」を理解していただけていないような気もします。

そこでもう一度、同じようなことをした船場吉兆と比較してみたいと思います。

あの店にも、熱心な愛読者ならぬ愛好者、いや顧客と言うべき人たちがいました。その人たちが愛想が尽きたとばかりにあの店を見放したのは、客の食べ残し料理の使い回しを一〇年以上続けていたことが明らかになったときでした。確かに今でも同じことをしたレストランがあれば、その店はただちに客足が途絶《とだ》え、倒産に追い込まれるでしょう。それが世間の常識、いや世界の常識です。

しかし『朝日新聞』が従軍慰安婦問題に関し「軍の指令による強制連行があった」というデタラメを報じ続けていた期間は、なんと恐ろしいことに三二年間です。

最初の二年ぐらいは「騙《だま》されていたのだ」という言い訳が成立したとしても、残りの三〇年間はまったく言い訳できない大きなミスであり、報道機関として読者に対して不誠実な態度を取り続けたことになります。レストランで言えば三〇年間それと知りながら偽物の食材を使った料理を出し続けていたというのと同じことです。

そんなことがバレたら、普通は倒産に追い込まれます。

あなたの友人にそういうレストランに通っていた人がいたとしましょう。そして三〇年以上の不誠実がバレた後も、ひたすらそのレストランに通い続けていたとしたら、あなたはその友人になんと言いますか？

「バカじゃないの」ですよね。それが世界の常識です。

いまだに『朝日新聞』を愛読している人は、こうしたレストランの顧客に譬《たと》えれば「友人の批判にも耳を貸さず、ひたすら通い続ける」のと同じです。いやそれどころか、友人の批判に対し「ほっといてくれ！」と怒り出す人までいます。

つまり、愛読者はまったく信じられないような深い信頼を『朝日新聞』に置いているのです。

ひょっとしたら、冗談ではなく世界の経営者は今、『朝日新聞』に注目しているかもしれません。どうしたら、こんな不祥事を起こしても顧客から絶対的に信頼され続ける企業になれるのか、「『朝日新聞』の秘密を探ってこい」という指令が出ているかもしれません。

では、この「『朝日新聞』の秘密」を分析してみましょう。

平たく言えば「『朝日新聞』はなぜ売れるのか」。少し皮肉を込めて言えば「なぜ不祥事を起こしても売り上げがダウンしないのか」ということです。

他にもこうした例があった場合、一般的に考えられるのは、不祥事以外の部分で信頼性が高いからだ、ということでしょう。

つまり、たまたまミスはしたものの（それにしても三〇年以上も続けるということは普通はあり得ませんが）他の部分それも『朝日新聞』は新聞ですから、他の報道で信頼性の高さを示しているから読者の信頼は揺るがないのだ、という仮説が考えられます。

では、このことを北朝鮮による拉致《らち》問題についての報道で、検証してみましょう。

『朝日新聞』は信頼性の高い報道をしてきたでしょうか。

●仮説の根拠で米軍や防衛庁をバカにする〝名コラム〟

『朝日新聞』は、北朝鮮拉致問題に関して信頼性の高い報道をしてきたか。こんなことは検証するまでもないでしょう。答えは「ノー」です。

それどころか、日本には「北朝鮮は拉致などしていない、そんなことを言う奴は右翼だ」という人々が大勢いました。この人たちの言う「右翼」とは「大悪人」という意味ですから、「北朝鮮は日本人を拉致している」と主張している人々を極悪人扱いしていたわけです。

ではどちらが正しかったか。どちらが真実を述べていたか。言うまでもありません。北朝鮮は「確かに日本人を拉致していました」と公式に認めたのですから、「拉致などしていない」と主張していた人間や組織のほうが明らかに間違っていたわけです。

かつて日本社会党という組織がありました。いや失礼、今も名を変えて存在するようです。しかし国会で野党第一党だった頃の面影はまったくありません。

それはそうでしょう、社会党は明らかにこのデタラメな主張に与《くみ》していたのですから。そう私が言うと、党としての公式見解はそうではない、と反論してくるかもしれません。

確かにこの点は『朝日新聞』も共通で、論説記事を読むと「断定（この場合は「拉致をしていない」ということ）」を巧妙に避けています。その辺はうまいところで、言《げん》質《ち》を取られないようにしているのです。

しかし、外部の人間で明らかに北朝鮮派の人間をコメンテーターとして使ったり、北朝鮮について否定的な情報をカットしたりして、『朝日新聞』は日本における「拉致をしていない派」の代表でした。要するに北朝鮮が日本人を騙すのに一役も二役も買ったということです。

北朝鮮のミサイル問題でもそうです。北朝鮮は明らかに悪意を持って、日本ひいてはアメリカを自らの核ミサイルの射程圏に置くべく、実験を積み重ねてきました。

今ではその事実、つまり北朝鮮が悪意を持ってミサイル開発を行なっていることは、国民の共通認識になっています。客観的事実ということです。

しかし『朝日新聞』はこの事実から目を背《そむ》け、何とか北朝鮮を平和国家に見せかけようとしました。

一九九八年九月のことです。北朝鮮はテポドンの一世代前にあたるミサイルの実験をしました。もちろん世界は北朝鮮の悪意を感じ大騒ぎになったのですが、北朝鮮はただちに声明を発表し、「あれは平和目的の人工衛星だ」という大ウソをつきました。

これが大ウソであったことはその後の経緯からみても明白ですが、日本では『朝日新聞』が先頭きってその主張を熱狂的に支持し、夕刊の名コラム「素粒子」は次のように、正しい見解を述べた人々を嘲笑しました。

「打ち上げたのは、兵器ではなく、人工衛星だったという。まことに結構だ（だったら早く言え！）。本当だったら良い教訓だ。機密を誇る米国の探査システムは一度の恥、日本の防衛庁などは、二重三重に恥をかく。それもまた結構。（以下略。一九九八年九月五日付）」

「本当だったら良い教訓だ」というところがいかにも『朝日新聞』です。これは、「いや北朝鮮の言い分をそのまま鵜呑《うの》みにしているわけではありませんよ」という言い訳をしているのです。しかし鵜呑みにしていないのならば、その仮定の根拠で米軍や防衛庁（当時）をバカにするのはいかがなものか。

しかしそれは「結構」なことだそうな。ウソを鵜呑みにして他人をバカにした以上、それが間違いだとわかったら謝るのが、人間の道でしょう。では、この「素粒子」の筆者は米軍や防衛庁に謝ったでしょうか。

答えはここでも「ノー」です。

●北朝鮮への「帰国熱」煽《あお》るも反省せず

『朝日新聞』のトンデモコラム「素粒子」(もっともこれは一部では名コラムという評価もあるようですが)の筆者は、ウソの情報を根拠に真面目《まじめ》に働いている米軍や防衛庁の人々を侮辱したにもかかわらず、謝罪していません。少なくとも、そういう話は聞こえてきません。

もっとも、私の耳にだけ入っていない可能性はないわけではないですが、その可能性はゼロに近いでしょう。

なぜなら、これが『朝日新聞』の体質だからです。つまり「頑《かたく》なに謝らない」ということです。これがまったくもっての事実であることは今回の一連の不祥事でも、広く明らかになりました。

『朝日新聞』の愛読者は、『朝日新聞』を絶対的に信頼している。これは否定できない事実です。その証拠に『朝日新聞』はいまだに数百万部売れています。

外国の新聞社なら倒産してもおかしくないところです。それでも倒産しないのは、読者が『朝日新聞』に絶対的な信頼を置いているからでしょう。

しかし北朝鮮の拉致問題、あるいは核ミサイル開発問題が示すように、『朝日新聞』はけっして正確な報道はしていません。むしろ事実と反対の方向に人々を誘導しようとしているのかとすら思われます。

いや、結論はまだ早い。もう少し、検証してみましょう。

若い人はご存じないでしょう、というと自分が老人になったようでイヤなのですが、戦後間《ま》もない頃の日本には、北朝鮮の帰国事業というのがありました。一九八四年に終了するまで約三〇年以上にわたって行なわれた、在日朝鮮人の北朝鮮への集団永住帰国のことです。

若い人には信じられないかもしれませんが、当時のマスコミは、これは『朝日新聞』だけではありませんが、北朝鮮の宣伝を鵜呑みにし、「北朝鮮は労働者の天国」だと報道していました。だからこそ、それを信じた在日朝鮮人たちの多くが「差別のある日本よりも祖国に帰ったほうがマシだ」と信じて帰国したのです。

後に、命がけで北朝鮮から逃げて戻ってきた人々の証言でわかったことですが、北朝鮮は天国どころか地獄でした。しかも彼らは在日ということで激しい差別を受けました。彼らは一人残らずといっていいでしょう、日本への帰国を希望しました。

しかし許されませんでした。「なぜこんな地獄に来てしまったのか」、彼らは血の涙を流して後悔し、でたらめな情報を流して帰国熱を煽《あお》った日本のマスコミを恨《うら》みました。

私は昔、大先輩の新聞記者の人と酒を飲んでいて、その人が「あのとき、帰国熱を煽ってしまったのは生涯の痛恨事だ」と涙したのを覚えています。もちろんこの人は『朝日新聞』の記者ではありません。それどころか『朝日新聞』でそういう反省をした人を、少なくとも私は一度も見たことがありません。

この問題がきわめて重大なのは、結果として在日の人が北朝鮮に人質に取られることになったということです。

本当は日本が好きで日本の体制のほうがはるかに立派だと思っているのに、親族が北朝鮮で暮らしているために心ならずも反日運動をしなければいけなかった人たちがいました。ひょっとしたら、いわゆる対日工作員という人々の中にもそういう人がいたのかもしれません。

当初、北朝鮮への帰国熱を煽ったのは『朝日新聞』だけではありませんでした。しかしその後、脱出者（脱北者）が相次いで、北朝鮮の現状がわかるようになってからも、『朝日新聞』だけは相変わらず北朝鮮が良い国であるかのような印象を与える報道を流し続けました。

●北朝鮮のライバルである韓国は、「人民の地獄」

「北朝鮮は良い国だ」と主張し続けてきた『朝日新聞』。

そのコンセプトの奥底にあるものは何か。

もう、おわかりだと思います。そうです、「日本は悪い国だ」ということです。北朝鮮は独裁国家で、日本人を拉致し国益を追求する手段として核ミサイルの開発を進めている、トンデモナイ国です。それが北朝鮮の実態であることは、すでに日本の常識であると言っていいでしょう。

しかし、『朝日新聞』はどういうわけか、頑《かたく》なにこの実態を認めようとしませんでした。拉致が北朝鮮の犯行であると示す証拠が次々と出てきても、日本のマスコミの中では最後の最後まで事実を認めようとしませんでした。

いや、正確に言うと「事実ではない」と断定した後にひっくりかえると大変なことになるので、『朝日新聞』の記者の論説や記事では巧妙に断定を避け、曖昧《あいまい》な言い方に終始していました。

それと同時に、北朝鮮シンパの人間の論説やエッセーを大々的に載《の》せることによって、読者が北朝鮮はそんな悪いことをしていないと確信させるように情報操作していたのです。

先に紹介した〝名コラム〟素粒子の書き方が典型的ですが、実に卑怯《ひきょう》なやり方です。

しかしそれ以上に不思議なのが、こんな新聞を購読し続ける「愛読者」の存在です。小泉純一郎《こいずみじゅんいちろう》総理（当時）の電撃的な訪朝によって北朝鮮が日本人拉致の事実を認めたときも、『朝日新聞』はけっして倒産しませんでした。繰り返しになりますが、外国なら読者から「よくも騙していたな」と非難の声が起こり、倒産しないまでも一〇〇万単位で読者を減らしても不思議ではないのに、なぜかそういうことは起こっていないのです。

本当に不可解です。『朝日新聞』というのは、まさに謎《なぞ》の新聞です。

ところで『朝日新聞』といえば、その論調に賛成する人でも反対する人でも「『朝日新聞』は韓国の味方」という見解に異論はないと思います。従軍慰安婦に関する一連の報道が、その姿勢を示しています。

これも若い人はご存じないと思いますが、かつて『朝日新聞』は、韓国を敵視し、徹底的にマイナス面しか報道しませんでした。これは歴史上の事実です。

耳を疑うかもしれませんが、これは本当の話です。

理由は簡単で「北朝鮮は労働者の天国」であるならば、それに対して「拉致をしているのではないか」などと主張していた日本は「悪い国」でなければならないし、ライバルである韓国は「人民の地獄」でなければならないからです。そんな単純な、と思うかもしれませんが、原則というのは常に単純なものなのです。

もっとも『朝日新聞』が韓国をまさに地獄のように報道した時期、韓国にもそういうふうに非難される状況はありました。韓国の朴槿恵《パククネ》大統領の父である朴正熙《パクチヨンヒ》元大統領が反対派を厳しく弾圧していたからです。朴正熙は強権をもって国家運営をし、韓国が経済大国となる基礎を作った人物です。

このことは高く評価されていますが、その一方で、反対派や民主化運動を厳しく弾圧したというマイナス面がありました。日本の主権を無視し、政敵を工作員を使って東京から拉致した金大中《きんだいちゆう》事件は、その典型的な出来事です。

しかしこのことは、韓国が曲がりなりにも民主的社会であり民間の報道機関もあったためにわかったことでもあります。その当時北朝鮮では、それ以上の圧政虐殺拷《ぎゃくさつごう》問《もん》が行なわれていました。ただそれは厳しい情報統制で漏《も》れてこなかっただけの話です。しかしそういう民主的社会の常識は『朝日新聞』には通用しません。

●「日本は悪」というコンセプトが変えられなかったゆえに……

ほんの数年前まで、日本のテレビは「バカ」としか思えないインタビューを堂々と放映していました。

それは、言論の自由を認められていない共産圏の国々に行って、「突撃インタビュー」で本音を聞くというものです。

問題は、すべて「顔出し」だったということです。私はそうしたインタビューを見るたびに、こういう番組を作るディレクターや嬉々《きき》としてインタビューしている記者の頭の中身を疑ったものです。

ワイドショーでよくやるように「顔を隠し、音声も変える」というならまだわかります。しかし、うっかり政治批判をすると投獄されるどころか生命の危険もある国へ行って、顔出しのインタビュー映像を撮って、それで国民の本音がとれたと本気で思っているのでしょうか。

日本はなんのかんの言っても、デモで「安倍《あべ》総理は退陣しろ」と言えますし、職場で「安倍のバカヤロー」と叫んでも、密告されて監獄にぶち込まれることはありません。そういう意味では、これは確信を持って言えますが、北朝鮮や中国、あるいはかつてのソビエト連邦などと比べてはるかに立派な国です。

そして韓国も（あまりあの国のことを褒《ほ》めたくはないですが）、少なくとも北朝鮮に比べればはるかにマシな国です。金正恩《キムジョンウン》第一書記は裁判抜きで反対派をいくらでも銃殺できますが、朴槿恵大統領にはそんなことはできません。

そのこと一つとっても韓国のほうがはるかにましな国家であることは間違いありま

せん（あくまで北朝鮮と比べるならば、ですが）。

このことは民主主義国家の国民にとっては、常識であるはずです。それは朴槿恵氏の父である朴正熙大統領の時代も同じはずでした。

確かに、朴正熙氏は民主主義の原則をいくつか踏みにじりました。それは事実ですが、曲がりなりにも選挙で選ばれた大統領であり、同時代の北朝鮮の独裁者金日成《キムイルソン》主席とはまったく違います。民主主義の原則に基づくなら、比較すること自体失礼であるとすら言えます。

ところが、当時の『朝日新聞』の論調はあくまで「韓国は悪、北朝鮮は正」でした。朴正熙氏が暗殺された後も、しばらくその論調は変わりませんでした。

当時、自社に批判的な記者として有名だった『朝日新聞』の百目鬼《どうめき》恭三郎《きょうざぶろう》氏は著書『新聞を疑え』（一九八四年）に、あるとき、『朝日新聞』内の会議でこの件が話題になり、現場の責任者の部長が「あの韓国に対する偏見は何とかならないものか」とぼやいたという貴重な証言を載せています。

ところが、いつの間《ま》にか、まさにカメレオンのように『朝日新聞』は論調を変えました。

北朝鮮の真実が次々に明らかになったことが原因でしょう。とにかく「日本は悪」というコンセプトは変わらない。だから、日本とはまったく反対の非民主国家である北朝鮮に幻想を抱き「北朝鮮は正」とした。

しかしそれが、「どうも話が違うぞ」ということになってきた。それでも「日本は悪」というコンセプトは変えられないので、今度は日本の新たなライバルである韓国を「正」としたのです。

最初から結論は決まっている、ということです。つまり、「韓国の主張が正しく日本の主張は誤っている」ということで、すべてを処理する方針だということです。

●二つの「吉田《よしだ》問題」で最大原則を破ったエリート集団

ジャーナリストあるいは報道機関にとって最も守るべき原則の一つに「取材対象に予断と偏見を抱いてはならない」というものがあります。人間は世間の評判や噂《うわさ》に惑わされやすいものです。でも、だからこそ自分の目できちんと対象を見て、正確な報道をしなければなりません。

しかし言うまでもなく「日本は悪、韓国は正」と決めつけることは、この大原則に違反します。そうではなく個々の問題について、一つ一つ冷静で客観的な判断をしようと努めることが、報道機関の最も大切な心がけの一つではないでしょうか。

『朝日新聞』は残念ながら、日本の大新聞の中では最もこの大原則を守っていない報道機関といえます。もちろん韓国に対する姿勢だけで、そう決めつけようというのではありません。

その証拠となるのが、従軍慰安婦に関する吉田証言の問題ではなく、もう一つの

「吉田問題」、つまり東日本大震災当時に福島第一原発の所長であった吉田昌郎《まさお》氏に関する重大な誤報問題です。

まず正確を期するために『朝日新聞』（デジタル版）から記事を引用しますが、当初『朝日新聞』は「東日本大震災四日後の二〇一一年三月十五日朝、福島第一原発にいた東電社員らの九割にあたる約六五〇人が吉田所長の待機命令に違反し、一〇キロ南の福島第二原発に撤退した」と報道しました。

『朝日新聞』がそう判断した根拠は、当時政府が公表していなかったいわゆる吉田調書（吉田昌郎所長に対する政府事故調査委員会の「聴取結果書」）を独自に入手し、その分析をした結果だとしています。

ところがそれが、完全な読み違いでした。同じように吉田調書を入手していた別のマスコミは、『朝日新聞』の報道はおかしい、命令違反などという事実はなかったと報道しましたが、『朝日新聞』は逆にこれらマスコミを厳しく批判しました。要するに自分のほうが正しいということです。しかし、それこそがまったくの思い違いであったことは後で判明します。間違っていたのは『朝日新聞』のほうだったのです。

それに気がついた『朝日新聞』の木村伊量《きむらただかず》社長は二〇一四年十月十一日に記者会見を開き、吉田調書について、朝刊で報じた記事を取り消すとともに、読者と東京電力の関係者に謝罪しました。また「お前のほうが間違っている」と決め付けたマスコミ各社に対しても謝罪をしたようです。

ここで肝心なことは、各社ともほぼ同じ内容の「吉田調書」を入手して分析したにもかかわらず、なぜ『朝日新聞』だけが読み違えたのか、ということです。

『朝日新聞』の記者の国語能力だけが他社に比べて著しく劣っていたのでしょうか。常識で考えれば、そんなことあるはずがありません。『朝日新聞』の記者というのは一流大学卒の「エリート」ばかりです。となると問題は国語能力ではなく、別のところにあるということになります。だとしたら、それは「予断」と「偏見」以外に考えられません。

世に冤罪《えんざい》事件というのがあります。無実の人を誤って逮捕、起訴してしまったというものです。『朝日新聞』の記者諸君は、一流大学出身のエリート検事がなぜそんな「バカな事実誤認」をするかご存じだと思います。本来客観的であるべき証拠を、予断と偏見の目で見るからです。『朝日新聞』も同じです。

●「吉田調書」誤報の分析は「カラ答弁」そのもの

『朝日新聞』の予断と偏見。それは、要するに「原発は悪」ということです。悪である以上、そこに「正義のヒーロー」はいるはずがないし、いてはならないのです。これが予断と偏見です。

福島第一原発の吉田昌郎所長の行為が「英雄」と呼ぶに値するかどうかは厳密な検証を必要とします。そうではないと考える人もいます。しかし一般大衆にとっては、やはり吉田さんはヒーローでした。

だが「原発は悪」と当初から決めつけている『朝日新聞』にとっては、それは「許されない結論」でした。

本来マスコミは事実を報道するものですから「許されない結論」などということはあり得ないのですが、『朝日新聞』だけは、「ヒーローではない」という結論が先にあったので、「吉田調書」の中からその結論に結びつく、都合の良い部分だけに目が行き、「シロ」を「クロ」と読み間違えてしまったのだと考えられます。

最初から予断と偏見の目を持って見るから、他のマスコミ機関はただの一つも間違えなかったところを、『朝日新聞』だけが間違えてしまったというわけです。

先にも述べたように、『朝日新聞』の記者は一流大学卒の人間ばかりですから、これは国語能力の問題ではありません。それなのに「同じ文章」を読みながら結論が正反対になってしまったということは、こうした理由以外に考えられません。それ以外に理由があるというのなら、ぜひともご教示願いたいものです。

もっとも、『朝日新聞』を読むと、この吉田誤報問題の原因については当初、次のように自己分析しています。

「取材班は吉田調書を読み解く過程で評価を誤り、取材源の保護に気をつかうあまり情報を共有していた記者が少なく、チェック機能が十分働かなかったことなどが原因と判断しています」（『朝日新聞』デジタル版二〇一四年九月十一日付）

この記事に対して朝日新聞社の第三者機関「報道と人権委員会」は十二日、「記事の取り消しは妥当。掲載前に吉田調書を読み込んだのは記者二人のみ」との調査結果を公表し、現場の「暴走」ぶりを明らかにしました。

この問題には後ほど詳しく触れるつもりですが、『朝日新聞』はよく政治や問題を起こした企業の答弁を「結局、何も考えていない」と批判しますが、まさにその批判が自らにも当てはまるのが、この例です。

この分析は「なぜチェック機能が働かなかったのか？」という問いには、一応答えています。もっとも、あくまで「一応」ですが。

問題は、なぜ「吉田調書を読み解く過程で評価を誤」ったか、言葉を換《か》えていえば最初のミスはなぜ生じたかについて、事実としては認めているが原因についてはまったく答えていないということです。

これでは、政府の答弁などを「カラ答弁」などと非難する資格はありません。

それに、チェック機能はなぜ働かなかったかということに関する分析もきわめて不十分です。「取材源の保護に気をつかうあまり」と言いますが、取材源の保護（いわゆるニュースソースの秘匿）はジャーナリストにとって常識です。それに気を使うあまり（それは当然のことです）、なぜチェック機能がおろそかになるのか私にはまったく理解ができません。そこにどんな因果関係があるのか、具体的に書いてもらいたいものです。

それに、「取材班」というのは「情報を共有する」のが原則であるはずです。そうでなければグループとしての取材などできるはずがありません。

ということは、功名心にとらわれた記者がいて、それがチェック機能を妨害した。

つまり現場の「質の悪い記者の責任」ということなのでしょうか？

なるほどそういえば、上層部の責任は監督責任だけになります。責任逃れもいいところです。

●「吉田調書」誤報の経緯——「取材源の保護」という釈明のデタラメ

『朝日新聞』が「福島第一原発の吉田所長」に関する誤報問題で、誤報に至った経緯について当初、「取材班は吉田調書を読み解く過程で評価を誤り、取材源の保護に気をつかうあまり情報を共有していた記者が少なく、チェック機能が十分働かなかったことなどが原因」だと分析していたことについて、私は皮肉ではなく、大いに興味があります。

失礼な言い方をすれば、それが本当だとしたら、具体的にはどんな状況だったのか？　という興味です。

日本新聞史上「取材源の保護」に失敗して情報提供者に大きな迷惑をかけた事件として最も有名なのが、『毎日新聞』の「外務省機密漏洩事件」いわゆる「西山《にしやま》記者事件」です。

これは、一九七一年の沖縄返還協定にからみ、『毎日新聞』政治部記者・西山太吉《たきち》らが、取材上知り得た機密情報を日本社会党に所属する国会議員・横路孝弘《よこみちたかひろ》らに漏洩、彼らが機密文書のコピーを手に国会で追及したことから事件が発覚。最終的には国家公務員法違反が適用され、有罪となった事件です。

この事件はテレビドラマにもなったほど有名な事件なので、ご存じの方も多いと思いますが、最大の問題の一つは、取材者側が「取材源の保護にまったく気を使わなかった」ということです。

機密文書（電報）のコピーをしてくれた情報提供者に対し、その人物が特定できるような形でコピーを公開してしまい、多大な迷惑をかけてしまっています。

こうしたことを二度と繰り返さないよう努力すること自体は大変けっこうなことで

す。

　しかし、今回の場合、「吉田調書」のコピーをそのまま公開する必要はありません。取材班の中で回し読みすればいい話です。取材源に配慮するなら、文書をワープロで新たに打ち直すという手もあります。

　つまり、「取材源の保護に気をつかうあまり情報を共有していた記者が少な」かったという状況には、基本的にならないはずなのです。

　もちろん世の中のことには常に例外がありますから、「絶対そうはならないはずだ」とは言いません。

　しかし、本当にそういう状況があったのならば、大変興味深い事例であり、今後そういう過ちを繰り返さないためにも、『朝日新聞』はぜひ詳細に状況を公開していただきたいと思います。

『朝日新聞』ＯＢの中には、大学のマスコミ関係の学科で教えている方も相当数いると聞いていますが、これはまさに絶好の教材にもなるはずです。

ただ残念ながら私は、この『朝日新聞』の釈明がまるっきりデタラメなのではないかという疑いを抱いています。

その理由は、以前にも述べたように、そもそもこの「吉田調書」を「読み解く過程で評価を誤」ったとだけ述べて「なぜ評価を誤ったのか？」という肝心な部分について言及がないからです。これは釈明の不誠実さを示しています。

そして「取材源の保護に気をつかうあまり情報を共有していた記者が少な」かったというところは、はっきり言って新聞作成には関わったことのない素人《しろうと》、つまり読者を誤魔化《ごまか》すために、「取材源の保護（ニュースソースの秘匿）」という大義名分を振りかざしているのではないかと思えてなりません。

『朝日新聞』の関係者は、私のこうした推理を「邪推」と決めつけるかもしれません。確かに大変失礼な見方であり、通常ならそういうことを言われても仕方ないでしょう。

しかし、私はほかならぬ『朝日新聞』だからこそ、そういうデタラメもあり得ると思っているのです。それに、もちろん確かな根拠だってあります。

●日本新聞史上「最低最悪」の記事

今から三三年も前のことです。

といっても『朝日新聞』の「慰安婦誤報」は三二年前からですから、それと比べたらそれほど昔のことではないのかもしれませんが、「歴史教科書に関する大誤報事件」というのがありました。年配の読者なら覚えていることでしょう。

文部省（当時）が教科書検定において、高校の日本史教科書の中の「中国への侵略」という記述を「中国への進出」へ改めさせたという、真実とはまったく違う誤報が流れました。これに中国が激しく抗議し外交問題に発展、日本の名誉が大いに損《そこ》なわれました。まさに慰安婦誤報問題とよく似ています。

このとき、誤報を出したのは『朝日新聞』だけではなかったのですが、問題は今回と同じ誤報を出してしまった原因の分析にあります。

「なぜ朝日新聞は誤報を出したのか？」その問いに答える形で『朝日新聞』は東京本社の中川昇三《なかがわしょうぞう》社会部長（当時）の署名入りで「読者と朝日新聞」という記事を載せました（一九八二年九月十九日付朝刊）。

私はこの記事を、日本新聞史上「最低最悪」の記事だと思っています。

まずはその全文をご紹介しましょう。少し長いのですが、ぜひ読んでみてください。

【見出し】

「侵略→進出」今回はなし

教科書への抗議と誤報

問題は文部省の検定姿勢に

【読者からの質問】

教科書検定問題が外交問題にまで発展しましたが、週刊誌やテレビで「マスコミの誤報が原因」という声を聞きます。真相を聞かせてください。

（東京都中村三郎　無職　ほか）

【お答え】

今回の教科書問題をめぐる報道について、一部週刊誌などが、朝日新聞を含む日本のマスコミの「歴史的大誤報」などと書いており、読者の皆さんからのお問い合わせもありますので、ご説明します。

来年度から使用される高校、小学校の教科書の検定結果が6月26日付朝刊で各社一斉に取り上げられ、朝日新聞でも一面と社会面で報道しました。このうち第2社会面で「こう変わった高校教科書」との見出しで掲載した一覧表の中で、今回の検定前に「日本軍が華北を侵略すると…」「中国への全面侵略」とあった記述が検定後は「日本軍が華北に進出すると…」「中国への全面侵攻」に変っているとして対照した個所が、その後、検定前から「進出」「侵攻」であり、誤りだったことがわかりました。

新聞、放送各社ともこの個所についてはほぼ同様の報道をしましたが、7月26日になって、中国が「日本軍国主義が中国を侵略した歴史の事実について改ざんが行われている」として抗議、続いて韓国も抗議し、外交問題となりました。朝日新聞は、日中、日韓関係の歴史記述について再度点検したところ、今回の検定教科書で日中戦争に限定すると「侵略→進出」と書き換えさせたケースはなかったらしい、との懸念が生じました。そこで7月27日付朝刊（3面）の表では問題個所を外したほか「『侵略』変更四箇所だけ」との文部省の釈明資料の記事（同29日付朝刊第2社会面）、「今年の検定で侵略→進出は見当たらない」との文部省の国会答弁（同30日付朝刊4面）などの報道で修正しました。さらにその後、確実な資料の入手により「今回の検定で、中国への侵略を進出などに変えた例は見当たらない、との文部省の発言は事実と認められる」（8月25日付朝刊3面）とも報道しました。

一部にせよ、誤りをおかしたことについては、読者におわびしなければなりません。なぜ誤りが起こったかを、次にご説明します。

教科書検定は執筆者、出版社側が「原稿本」を文部省に提出、教科書調査官が具体的な記述について「修正」「改善」といった意見をつけ、執筆者、出版社側が手直ししたあと最終的に合格、不合格が決められます。しかしこうした経過について文部省は一切口を閉ざし、「原稿本」も外部に出さないよう指導しています。従って検定経過を報道するためには、「原稿本」を何とか手に入れるか、執筆者、出版社側からの間違いない証言を得るしかありません。今年の場合、合格した教科書は高校366点、小学校で234点あり、これらがどう検定されたかを確認していくのは容易ならぬ作業です。

本社はこうした制約の下で、最大限の調査、取材を行いましたが、今回問題となった個所については、当該教科書の「原稿本」が入手出来なかったこと、関係者への確認取材の際に、相手が「侵略→進出」への書き換えがあったと証言したことなどから、表の一部に間違いを生じてしまいました。以上が誤りを生んだ経緯と背景です。

ところで、ここで考えてみたいのは、中国・韓国との間で外交問題にまで発展したのは、この誤報だけが理由なのか、という点です。抗議の中で中国側が例にあげたのは、「侵略→進出」だけではなく、「満州事変」や「南京虐殺」などの記述もありました。韓国の政府や民間団体が抗議したのは「3・1独立運動」や「強制連行」など数多くの記述についてでした。つまり、ことの本質は、文部省の検定の姿勢や検定全体の流れにあるのではないでしょうか。だからこそ日本政府は今回検定の日中戦争関係で「侵略→進出」の書き改めがなかったことを十分知りながら、検定基準の変更を約束せざるを得なかったのだと思われるのです。

文部省が検定作業を通じて「侵略」を「進出」「侵入」「侵攻」「侵出」などに書き換えさせてきたのは、数多くの資料や証言から証明できます。侵略ということばを出来る限り教科書から消していこう、というのが昭和30年ごろからの文部省の一貫した姿勢だったといってよいでしょう。そうした検定の流れは、いま社会面の連載「検証・教科書検定」でも、改めて明らかにしつつあるところです。
日本が韓国・朝鮮を併合したり、中国へ攻め込んだりした事実をどう見るかは、歴史観の違いによって意見が分かれる場合もありましょう。しかし、あった事実は事実として、認める態度が必要だと思います。教科書は次代の国民を育てる大切なものです。私どもは今年も厳正な立場で教科書問題の報道にあたりたいと考えます。

（東京本社社会部長　中川昇三）

この記事の中で最も肝心な部分は、次の「なぜ誤報を出してしまったか？」の原因分析に当たる部分です。

「今回問題となった個所については、（中略）関係者への確認取材の際に、相手が『侵略→進出』への書き換えがあったと証言したことなどから、表の一部に間違いを生じてしまいました。以上が誤りを生んだ経過と背景です。」

中川社会部長が何を言っているか、おわかりでしょうか。善良な愛読者、つまり素人の方にはちょっとわかりにくいかもしれません。しかし少しでもジャーナリズムのメシを食った人間ならばわかります。

要するに「この問題を取材した当社の記者は記者としてのイロハも知らないダメ人間でした」と言っているのです。

どんな記者であれ、記者としての基礎教育を受けたときに徹底的に叩き込まれる原則が一つあります。それは「情報は必ず裏を取れ（別方面からの情報で確認せよ）」ということです。人間は真実を話しているつもりでも錯覚か何かで結果的に間違っているという場合があります。

だから記者に要求される最低限の基礎は、「人のいうことを鵜呑みにしない」ということなのです。

ところがこの「中川弁明」の言い分を信じるなら、取材に当たった記者は、そうした記者としての基本中の基本がわかっていないダメ記者だった、ということになります。

本当にそうなのでしょうか。

いやしくも大新聞の編集幹部が書いた記事を疑うことは失礼極まりないし、場合によっては名誉毀損《きそん》になる可能性すらあります。しかし、この中川部長の弁明が真実ならば、『朝日新聞』の第一線の記者たちは基本中の基本すら知らないダメ記者「ぞろい」ということになってしまいます。

なぜそうなるのかというと、基本的には、一人の記者が聞き間違った原稿を書いたとしても、それがスルーされて紙面に出ることはありえないからです。掲載する原稿は、先輩記者なりデスクなりが、きちんと目を通しているはずです。

つまり、そういう人々も「騙されていた」ということになるわけですから、この記事はまさに「朝日新聞の最前線の記者たちはダメ記者ぞろい」と言っているのと同じことになるのです。

●「一日で潰れる」ような言い訳

繰り返しになりますが、この「読者と朝日新聞」という記事は、一九八二年当時に社会部長であった中川昇三氏が署名入りで書いたものです。新聞社の社会部長という現場の最高責任者が書いた記事なのですから、一応、全面的に信用するとしましょう。

百歩譲って、これが事実であったとしても、中川部長が現場の最高責任者であることには変わりありません。ということは、最終的に誤報を出してしまった責任は彼にもあるということになります。

いかに「間抜けな部下が揃いも揃ってやったこと」であったとしても、それを見逃した責任、つまり監督責任はあるはずですから、それについては最低限言及し謝罪しなければならないはずです。

確かに、この記事には「読者におわびしなければなりません」という文言はありますが、それが最終的には自分の責任であるという言葉はどこにもありません。

ですから、この記事は一〇〇％事実だったとしても、いやむしろそれが事実であるならば、中川部長は部下に責任を押し付けて自分は逃げた、という批判は免《まぬが》れないことになります。

「現場はダメ記者ばかりで上司は責任を取らない」。それが『朝日新聞』の「社風」だということにもなります。なにしろ一記者ではなく、編集幹部がそういう態度なのですから。

この記事のもう一つの問題点は、今回の「吉田調書誤報問題」と共通する部分です。

今回の問題でも『朝日新聞』は、誤報を出してしまった原因について「取材源の保護」といういかにももっともらしい、しかし素人ならともかくジャーナリスト経験者から見たらおかしなことを誤報を出した原因としていました。

もはやお気づきだと思いますが、二二年前のこの誤報問題もまったく同じで「相手の証言に嘘があったから騙されてしまいました（実は現場の記者はまったく裏を取りませんでした、ということになる）」という、素人ならば納得しそうな理由を持ち出しています。

友人のアメリカ人が「お前はなぜ『朝日新聞』を批判するのか？」と質問してきたとき、私がこの二二年前の記事を見せると、彼はびっくり仰天し、「こんな言い訳を編集幹部がしたら、その新聞社は一日で潰れるぞ」と言いました。

それが世界の常識なのです。

私は確かに『朝日新聞』を批判しています。しかし現場の記者が、まさに中川部長の主張するように揃いも揃って間抜けぞろいとはとうてい思えません。それはやはり常識に反するからです。しかし今さら真相究明するといっても不可能かもしれないので、この問題は取りあえず措《お》いておきましょう。

それにしても私はこの種の誤報問題の釈明に、『朝日新聞』は「素人ならこう言っとけば、騙せるだろう」という感覚で記事を書いているのではないかという疑いを拭《ぬぐ》うことはできません。そう思うことは一方的な邪推ではないということは、おわかりいただけたと思うのですが。

いずれにしても問題は、今後こうした疑惑を払拭するためにはどうしたらいいのか、ということです。

言うまでもなく、まずは今回の誤報の原因をきちんと分析し明確にすることでしょう。しかしここに問題が一つあります。それは、『朝日新聞』にそれができるのか、という問題です。

●部下に責任転嫁する社風のもとでは、公正な検証は無理

『朝日新聞』が、いや、ここは組織体としての対応を問題にするところだから、あえて朝日新聞社と言いなおしましょう。問題は朝日新聞社が今回の一連の誤報問題に関し、自らの手で原因を分析し真相を究明できるのか、というところにあります。

自らの手でこれを行なう場合、実は二つ方法があります。

一つは文字通り朝日新聞社員（当然記者も含む）の手によって真相究明する方法。二つ目は外部の第三者に依託して真相を究明する方法です。後者の場合でも、それを依頼したのは組織としての朝日新聞社であるからいちおうは「自らの手」による真相究明であると考えてもいいと私は思います。しかし、世の中にはそれではダメだという反対意見もあるでしょう。

たとえば元読売新聞のベテラン記者でジャーナリストの大谷昭宏《おおたにあきひろ》氏はこの問題は日本のジャーナリズムの信頼を根底から覆《くつがえ》すものだという危機感のもとに、次のように書いています。

「（朝日新聞は真相究明に）第三者委員会を立ち上げ、記事作成の過程やそれらの記事が与えた影響について検証するとしている。こんな責任逃れ、卑怯で卑劣なやり方があるか」

「すべては特別編集委員の星浩《ほしひろし》記者も書いているとおり、『事実と正直に向き合わなかった』ことから始まっていると思っている。なのに、ことここに至って、なお自社の記者が事実と向き合うことなく、第三者に向き合ってもらうとは何事だ」

（「フラッシュアップ大谷昭宏」＝日刊スポーツ二〇一四年九月二十三日付より引用）

大谷氏は「激しい憤りを感じている」そうです。

大谷氏と私は意見が違うところもありますが、この気持ちはわからないでもありません。それに「記事作成の過程やそれらの記事が与えた影響について検証する」なら、その作業についての「プロ中のプロ」である「新聞記者」に任せるべきだというのは、大賛成です。

ただし大谷氏はそれを『朝日新聞』の記者がやるべきだと言っていますが、私は『朝日新聞』の記者ではダメだと思います。

理由は朝日新聞社には、かつて大谷さんの上司であった黒田《くろだ》清《きよし》社会部長のような人は、存在しないからです。いや、正確に言えば、そういう人は編集幹部になれないような体質がある新聞社だから、と言わざるをえません。

この意見に納得がいかなければ、先に引用した東京本社社会部長が書いた「最低最悪の記事」をもう一度見ていただきたい。

さまざまな問題点のある記事ですが、私が「激しい憤り」を感じるのは、社会部長である以上、部下のやったことに責任があるはずなのに、それに頬被《ほおかむ》りしてすべてを部下の責任にしているばかりか、部下を初歩的なミスを犯したダメ記者と貶《おとし》めていることです。

朝日新聞にも読売新聞にも何千人という記者がいます。その中には確かに変な人間もいるでしょう。

しかし、社会部長というのは編集幹部であり、現場の責任者であるという特別な存在です。そういう人間が部下にすべての責任をなすり付けるような署名記事を書いておいて、しかもそれで失脚したというならともかく、順調に出世したというのだから救いようがありません。

つまり、これが『朝日新聞』の社風である、ということなのです。

そういう社風のもとで自社の社員を動員しても、公正な検証などできるはずがありません。だから第三者機関のほうがいいのですが、大谷氏の指摘している問題も、見逃してはなりません。

●なぜマスコミは、前社長たちを放っておくのか

二〇一四年十二月五日、朝日新聞社は臨時株主総会と臨時取締役会を開き、木村伊量社長の辞任を決めました。

辞任にあたっての記者会見で木村社長は、慰安婦報道の訂正および検証が遅きに失《しっ》したことなどを謝罪し、それを批判した池上《いけがみ》彰《あきら》氏のコラム掲載を一時見合わせたことについても責任を痛感し辞任を決意したと語りました。

「ここで辞めるのは無責任だ」とか「院政をするつもりではないか」という批判もあります。私は、木村社長の最大の失敗はせっかく慰安婦報道の訂正をしたのに同時に謝罪をしなかったことと、そのことを非難した池上コラムの掲載を拒否したことだと思います。

特に池上コラム問題は報道機関にあるまじきミスで、私はいまだに経営トップがこんな決断をしたことが信じられません。なぜ、このことが『朝日新聞』にとって致命傷になるかもしれない、と予測できなかったのでしょうか。

他紙の報道を見ると、このとき、現場の人間は必死になって掲載拒否をやめさせようとしたが、社長を中心とした編集幹部が押し切ったと言っています。

報道機関がそんな「言論弾圧」をしたらまずいということは高校生でもわかる話です。高校生でもわかることが、一流大学卒の編集幹部にわからなかったという事実は、実は日本の歴史を通じての大問題なのです。

私はこれを「バカトップ」問題と呼んでいます。念のためですが、ふざけているのでも茶化しているのでもありません。

「現場は優秀なのにトップは間抜けだ」というのは何も私が言い出したことではなく、それどころか、第二次世界大戦中に日本と戦った国々の軍人たちがしばしば口にした評価です。つまり日本という国はしばしばエリート組織のトップが「バカ」によって占められてしまうという、とんでもない国なのです。

私はこの「バカトップ」問題を解決しない限り、日本という国に未来はないとすら思っているのですが、多くの人はそういう認識を持っていないのが残念です。

ここで、この歴史問題の解析に入る前にちょっとだけ木村社長を弁護しておきたいと思います。

確かに木村社長は数々の問題で『朝日新聞』の名誉に傷をつけた。それは事実です。しかし歴代の朝日新聞社長が三二年間にわたって頰被りしていた問題に、メスを入れたのはマスコミ人として正しい行動だし、評価しなければいけないでしょう。

お気づきのように、この問題を見て見ぬふりをしていた、とんでもない前社長が数人います。この人たちが責任を認めたとか読者に謝ったという話はまったく聞きません。相変わらず知らんぷりのままです。こんな連中に比べれば木村社長ははるかにマシな人物です。

それにしても、マスコミはなぜこの前社長たちを放っておくのでしょうか。

たとえばこれが薬害問題で厚生省（当時）の歴代の担当者が見て見ぬふりをしていたのに、現担当者が初めてメスを入れたというなら、その担当者は当然高く評価され、逆に長年放置してきた前任者たちは厳しく糾弾されたのではないでしょうか。

朝日新聞社は言うまでもなくマスコミ機関であり、官庁ではありません。だから前社長の一人ぐらいは謝罪会見でも開くのではないかと思っていたのですが、そういう話はまったくないようです。もっとも、期待するだけ無駄というものなのかもしれません。

●わかるはずの常識を失った幹部――帝国陸軍と似通った組織に

もう一度、確認しておきましょう。

『朝日新聞』の一連の誤報問題は、単純な報道機関のスキャンダルではなく、日本の根幹に関わる大問題です。

それは、いわゆる「バカトップ」問題、つまりエリート組織であるはずなのに、よりによってその幹部が「高校生でもわかるはずの常識」を失ってしまうという、もっと正確に言えば「そうした常識を持たない人間」が「なぜ幹部になれるのか？」「幹部になってしまうのか？」という問題です。

今回の『朝日新聞』の「大騒動」も、その原因を探ってみると「ミスをしたのに謝らない」「報道機関なのに言論弾圧をした」という、まさに常識があれば避けられたはずの事態を、幹部が決断を誤ったばかりに引き起こしたということです。

つまり、幹部が常識を持っていない（繰り返しになりますが、よりによってそういう人間が幹部になってしまうという）ことが日本のエリート組織における最大の問題なのです。

これがなぜ最大の問題かといえば、われわれの国・日本は、この「バカトップ」によって一度滅亡しかけたからです。

第二次世界大戦のことを言っています。

戦争の善悪についてはとりあえず論じません。それは別の機会にしましょう。

問題は常識です。

国家の決断として戦争を行なうという事態はあり得ます。そうじゃないと言う人もいると思いますが、歴史を見れば少なくともこれまではそうです。そして問題は、戦争をやる以上負けてはいけない、国を滅ぼしてはいけないという常識があるということです。

『朝日新聞』が批判して止《や》まない対象に戦前の軍部、正確に言うなら大日本帝国陸海軍があります。確かに、特に陸軍には国を滅亡寸前に追い込んだ責任というものがあるでしょう。

しかし問題は『朝日新聞』が批判して止まない帝国陸軍と、朝日新聞社自体がきわめて似通った組織になってしまっているということです。

朝日新聞社は反戦組織で軍隊は戦争遂行組織なのだから、まったく違うじゃないか、という意見は表面しか見ていない意見です。

たとえば昭和十六（一九四一）年、陸軍は海軍の反対を押し切る形でアメリカ、イギリスを中心とした連合軍との戦争に踏み切りました。陸軍自体が大陸で世界最大の国・中国と戦争状態にあるのに、さらに米英まで相手にしようというのですから、正気の沙汰《さた》ではありません。

当時の日本は相撲の番付で言えば「大関」といったところでしょう。しかし仮に「横綱」だったとしても、世界最大級の国土を持つ中国も、世界最大級の海洋である太平洋を自分の庭としているアメリカも、どちらも「横綱」クラスです。つまり日本はいっぺんに二人の横綱と戦おうとしたわけです。これはどう考えても勝てるはずがありません。

それなのに「大丈夫だ」と自信満々でその決断の下に突っ走ったのが、陸軍主導の戦前の軍部でした。

結果はどうなったか、語るまでもないことです。他の国ならありえないことです。

これは冒頭でご説明したように、朝日新聞問題が外国では起こりえないという事実と、非常によく似ています。

●日本を滅ぼしかけたノモンハン事件――責任を認めない参謀との共通点

昭和十四（一九三九）年、帝国陸軍がソビエト（現ロシア）軍との間に国境紛争を引き起こしました。いわゆる「ノモンハン事件」です。

事件といっていますが、実際には大規模な戦闘で、これは「戦争」と呼ぶべきだという意見もあります。私もそう思います。

いずれにしても、このとき双方に約二万人の死者が出たことは事実です。昔は日本軍の大惨敗だというのが定説でしたが、最近はそうでもなく、ソビエト軍も多大な損害を被《こうむ》ったという見解も出てきていますが、少なくとも日本が「勝った」とはとうてい言えない状況でした。しかし陸軍の参謀本部は、けっして負けを認めませんでした。

確実に言えることとは、当時の日本軍の戦車とソビエト軍の戦車は、まったく違うものであったということです。日本の戦車の砲弾はソビエト戦車の装甲に跳ね返されるのに、ソビエトの戦車の砲弾は日本の戦車の装甲を貫きました。これでは勝てるわけがありません。

もっとも、空中戦では日本の戦闘機の性能のほうが優れていたので「勝った」という話もあるのですが、肝心の地上戦では大損害を被ったわけです。

この責任は基本的に現場の兵にはありません。「火縄銃」で近代戦を戦うようなものだからです。敗戦責任はそもそも「火縄銃」しか持たせずに戦争を強行した参謀たちにあります。

しかし彼らは、けっして自分たちの責任を認めませんでした。そればかりか現場の指揮官に責任を押し付け、自決（自殺）を強要しました。責任は明らかに現場の指揮官ではなく、参謀にあるのにです。

結果、参謀たちには責任がなかったということになりました。責任がないなら辞める必要はありません。だから彼らはほとぼりを冷《さ》ますと、中央の参謀本部に幹部として復活しました。そんな彼らが下したのがアメリカ・イギリスとの開戦、つまり「いっぺんに二人の横綱（中国と英米）を相手にする」という、気の利いた子なら幼稚園児でもしない判断だったのです。

その結果、陸海軍は滅び、大日本帝国という国がこの世から消滅する事態にまでになりました。もしノモンハンの段階で彼らが責任を追及され辞職していたら、原爆を二発も落とされ大都市のほとんどが焦土と化すという、悲惨な結果は招かずともすんだかもしれません。

日本人の一人として、こういうことを言うのは誠に残念ですが、外国ではまず起こり得ない事態でしょう。たまに例外はあるとしても「バカ」は「トップ」になれないのが、当たり前の話ですが、世界の常識だからです。

それが日本においてだけは、常識ではないのです。

なぜそうなるのか？　「バカトップ」問題が日本の歴史上の大問題であり、かつ絶対に解決すべき大問題であることを、ご理解いただけましたでしょうか？

ここで私が「日本新聞史上最悪の記事」と断ずる「読者と朝日新聞」における参謀ならぬ社会部長であった中川昇三氏の言を思い出してください。彼が言っていたことは、まとめればこうです。「現場の記者が間抜けだった。私の責任ではないし、いわんや朝日新聞社の責任でもない。それよりも『教科書問題追及』というもっと大事なことを忘れてはいけない」

では参謀たちはどうでしょう。彼らが言ったのは「現場の指揮官たちが間抜けだった、私の責任ではないし、いわんや帝国陸軍の責任でもない。それよりも『聖戦完遂』というもっと大事なことを忘れてはいけない」。

どうですか？

まるで同じではありませんか？

●エリートが陥《おちい》る、帝国陸軍の恐るべき無責任体制——試験秀才偏重と酷似

「帝国陸軍は戦争を遂行する組織であり、朝日新聞社は平和を追求する組織であるから、両者の行動原理はまったく違うはずだ」——こういう考え方こそまったくの誤りであるということが、わかっていただけましたでしょうか？

では、なぜ同じになってしまうのでしょう。

要するにそれが戦争であれ平和であれ「絶対に達成すべき目的」が存在すると考える日本の大組織の問題なのです。しばしば誤ったエリート主義に陥り、肝心の目的を果たせないという事態に陥ってしまうわけで、その理由は「バカトップになってしま

うから」ということなのです。

では、外国では絶対トップにならないはずの「バカ」が、日本ではなぜトップになってしまうのでしょうか？

私は、日本人のエリートの育て方が根本から間違っているからだと思います。私はエリートに期待されるのは、どんな事態にもフレキシブルに対応できる能力であると思います。

しかし日本はそれよりも先に、まずエリートにプライドを持たせるべく指導します。

たとえば陸軍のエリート参謀は、必ず陸軍士官学校出身というエリートです。例外はありません。彼らは二十歳そこそこで少尉に任官しますが、最下級とはいえいちおう将校ですから年上の下士官や兵から絶対服従の姿勢を示されます。要するに「自分たちは選ばれた特別で偉大な存在なのだ」と思い込むよう教育されるのです。

もちろんプライドは人間にとって必要なものではありますが、あまりにそれが高《こう》じると人間は思い上がって「自分ほど優秀な人間はいない」と思い込むようになります。

そうした人間がさらにエリートしか行けない陸軍大学を経て、いわゆる高級参謀になります。彼らは本来、上官として支えるべき司令官ですら自分よりは「頭が悪い」と思っていますから、自分たちはけっしてミスはしない人間だとも思っています。

そんな彼らが、自分が立案した作戦で「戦いに負けた」らどうなるでしょう。

それは彼らにとっては、本来ありえない事態です。「優秀な自分が立てた作戦が失敗するはずがない」からです。

しかし失敗という事実は厳然として存在します。そこで彼らは「作戦は完璧だったのに司令官をはじめとした現場の愚かな連中がうまく遂行できなかったのだ」と考えるわけです。

もちろん悪いのは現場で自分ではありませんから、良心の呵責《かしゃく》など一切ありません。だから、現場の人間に「責任を取れ」と平気で言えるし、自分の行動について恥じることも一切ないわけです。

また、「自分は間違っていない」のですから反省もしない。反省しないということは、同じ過《あやま》ちを繰り返すということです。

ノモンハンで負けたのが自分の責任だと思っていたなら、当然敗因を分析し教訓を生《い》かそうという姿勢が生まれます。それなら同じ過ちを繰り返すこともないでしょう。しかし残念ながら日本では、エリートはそういう人間ではないのです。

それにしても軍司令官だっていちおうは陸軍大学を出ていますし、エリートであるはずなのですが、高級参謀はなぜ「あいつらは自分より頭が悪い」と思い込むことができたのでしょうか？

それは試験秀才の偏重にあります。日本陸軍は徹底的な点数主義の組織でした。陸大の卒業成績が一点でも高ければ、それは低いヤツより優秀ということなのです。いうまでもなく試験というのは人間の能力を測《はか》る物差しの一つにしかすぎません。ところが日本のエリート組織は往々《おうおう》にしてこれを絶対的な尺度にしてしまうのです。

そして、実はこれが恐るべき無責任体制を生むことに繫《つな》がっているのです。

●「国民はダマしてよい」という愚かなエリート心理

試験秀才偏重という誤ったエリート主義は恐るべき無責任体制を生む。

なぜだかおわかりですか？

そんなに難しいことではありません。おそらく読者のみなさんの中に、生まれてから一度も試験というものを受けたことがない、という人はまずいないでしょう。つまり日本人はほぼ全員が「試験経験者」であるということです。

では自分の子供なり親しい友人なりが試験を受けるとしましょう。その内容についてまったくわからなくても、「試験経験者」としてアドバイスできることがあるのではないでしょうか。

そう「簡単な問題から先にやって点数を稼げ」ということです。では同じことを逆の表現で言ったらどういうことになりますか？　「難しい問題は先送りせよ」ということになります。

だから試験秀才といった人たちはどんな人々であるかといえば、試験に関するテクニックに最も優れている人、言葉を換《か》えていえば「何かと難しい問題は先送りにする連中」ということになるのです。

エリートというのは、本来逆でなければなりません。たとえば人が嫌がること、誰も手をつけないような難問に、世のため人のために挑む人間、エリートはそういう人間に育てなければいけないのです。これは洋の東西を問わず、人類の常識としてあることです。西洋ではそれを「ノブレス・オブリージュ（高貴なる義務）」と言い、東洋では「先憂後楽《せんゆうこうらく》」と呼びます。後楽園球場の「後楽」ですね。

これは本来、水戸黄門《みとこうもん》が作った庭園（小石川後楽園）の名前で、その名には「エリートはまず国の難儀を解決せよ、楽をするのは後でいい」という意味が込められています。

ところが試験秀才を偏重すると、その逆の人間がエリートになってしまう。そういう人間は当然難しい問題は先送りする無責任人間にもなり、その集団は無責任集団にもなります。

日本の「霞ヶ関」というところにもまだそういう集団があって、相変わらず大学出たての若者が採用試験のとき何点取ったかを何十年後も問題にしているというような噂も聞くのですが、もしもそうなら彼らは再び日本を滅亡に導く可能性があります。

実業界であれ芸能界であれ「入社試験の点数」を何十年も後まで参考にしているような組織はまずありません。そのことをこの人々は再認識するべきでしょう。

この章の最後に、一つ言っておきたいのは、戦前の軍部がやっていた「大本営発表」についてです。ご存じだと思いますが、本当は戦争に負けているのに「勝った、勝った」というウソの情報を流し、国民をダマし続けたというものです。

本来、人をダマすことは悪いことのはずです。それなのになぜ彼らは平気でそんなことができたのでしょうか。

「われわれは頭の良いエリートだが、国民というのは愚かだ。本当のことを言うとパニックになるかもしれない。ここは聖戦完遂という崇高な目的のためには嘘をつくことも許される」

ということなのですが、要するに、国民を愚か者として侮辱しているからこそ「ダマしてもよい」という心理になるのです。

では、そもそもこの朝日新聞問題の発端である「従軍慰安婦問題に関する誤報を三二年間も放置した」こと、つまり「嘘をつき続けた」背景に、『朝日新聞』の人々のどのような意識があるのか——。

もう書くまでもないことです。人間は、相手を対等の知性を持つ存在であると考えるならば「ダマしてもよい」とはけっして考えません。そう考えるのは相手を完全に見下している場合です。知識階級が多いと言われる『朝日新聞』の読者にどうしてそれがわからないのか、私はそれが不思議で仕方ありません。

第二章

戦前のほうが酷《ひど》かった〝やらせ〟の体質

●新聞は被害者などではない

一九四五年八月十五日、日本は敗戦という大破綻《はたん》を迎えました。

その年の十一月七日、『朝日新聞』は「国民と共に立たん」というタイトルで次の言葉から始まる文章を載《の》せています。

「開戦より戦時中を通じ、幾多の制約があったとはいへ、真実の報道、厳正なる批判の重責を十分に果たし得ず、またこの制約打破に微力、つひに敗戦にいたり、国民をして事態の進展に無知なるまま今日の窮地に陥らしめた罪を天下に謝せん……」

一見すると、真実を報道しなかった（『朝日新聞』の主張では「できなかった」）ことを謝罪している文章に見えます。

でもこれは、ごく簡単に言うと、「戦争中は上からの制約があって、真実の報道ができませんでした。抵抗したけれど力及びませんでした。ごめんなさい」ということではないでしょうか。要は「自分たちも被害者でした。私たちは悪くないのです。私たちを責めないでください」と言っているのです。

自分たちは的確な報道をするつもりだったけれど、軍部がデタラメな大本営発表を押しつけた。そういうことを言外に強調しているのです。

確かに戦争末期はそのとおりで、無理からぬものもあったでしょう。しかし、実際に過去の新聞をひもとくと、実は報道統制がなされるずっと前から、新聞はむしろ戦争を煽《あお》り立てるような報道をしていたことがわかります。このことは今となっては多くの国民は知りません。新聞も、われわれ一般国民とともに戦争の、戦時体制の被害者であった、となんとなく思っているのです。新聞も可哀相な存在であったと……。

敗戦とともに被害者づらした新聞は、実は、日本を戦争へと駆り立てた加害者だったのです。被害者ではなくて加害者。騙されていたのは金を払って新聞を買った正直な市民、われわれ国民なのです。第二章ではその実態をお話ししたいと思います。

最初の分岐点となったのは、近代日本の最大の困難だった日露戦争の勝利でした。明治三十八（一九〇五）年、日本は日露戦争に勝利します。

もちろん、これ自体は大変に素晴らしいことです。なぜなら、この勝利はアジアにおける白人支配を打ち破り、黄色人種にも未来があることを知らしめるものだったからです。

当時、新聞各社は競ってその勝利を称《たた》える記事を書きました。テレビはもちろん、まだラジオもないこの時代、国民は情報のほぼすべてを新聞に依《よ》っていたのは当然のことで、今とは大きく違います。そのため新聞を読んだ国民は、当然のことながら、この勝利が完全なる勝利だと思いました。無理もないことです。

しかし、現実は違ったのです。

実際は、日本がロシアに勝ったとは言うものの、その勝利は本当にギリギリのものでした。日本の国力が尽きたところで米英が間に入り、ギリギリのタイミングで軍配を上げてくれたので「日本の勝ち」となっただけの話です。そのまま最後までやっていたらどうなったかわからない、という危うい勝利だったのです。

にもかかわらず、政府はもちろん、勝利だけを報じた新聞も、そうした事情を国民にはまったく知らせませんでした。その態度は、まさに「民は由《よ》らしむべし知らしむべからず」というものでした。

日本は大国ロシアに勝った、日本は素晴らしい、日本は強い。しかし、現実はそんな単純なものではないのです。

そう言って、勝利に浮かれていた国民は、ポーツマス講和会議の結果に落胆します。

なぜなら、かろうじて満州の租借権と朝鮮半島における優越権は得たものの、望んでいた樺太は半分しか取れず、戦争賠償金にいたっては一円も獲得することができなかったからです。

国民は全権大使である小村寿太郎《こむらじゅたろう》外相を「いったい何をやっているのか」と非難し

ましたが、日本の実状を知ったうえで見ると、あの時点で収めたということは、むしろ外交の勝利と言ってもいいくらいの内容でした。

このような日露戦争後の日本について、作家の司馬遼太郎《しばりょうたろう》さんは『この国のかたち』の中で次のように述べています。

アメリカのポーツマスで小村寿太郎とロシアのウィッテとが日露の和平交渉をするものの、双方条件が合わない。ロシアは譲らない。樺太をよこせ。賠償金を出せと日本側は言う。再びロシア側は、そんな譲歩は必要ない、もう一ぺんやるならやるぞ、いくらでも陸軍の力はあるぞと。

それに対し、結局はルーズヴェルトの仲裁で、食卓の上にシャケの一匹でものせたらどうだ——シャケは樺太のことですが——その程度の条件で折り合った。

ところが戦勝の報道によって国民の頭がおかしくなっていました。

賠償金を取らなかったではないかと反発して、日比谷公会堂に集まり国民大会を開き、交番を焼き打ちしたりする。当時、徳富蘇峰《とくとみそほう》が社長をしていた國民新聞も焼き打ちに遭う。蘇峰は政府の内部事情に詳しく、〝戦争を終わらせることで精一杯なんだ〟ということをよく知っていましたから、國民新聞の論調は小村の講和会議に賛成にまわり、結果、社屋を焼き打ちされた。

日比谷公会堂は安っぽくて可燃性の高いナショナリズムで燃え上がってしまいました。〝国民〟の名を冠した大会は、〝人民〟や〝国民〟をぬけぬけと代表することじたい、いかにいかがわしいものかを教えています。

この大会から日本は曲がっていきます。要するに、この大会はカネを取れという趣旨であって、「政府は弱腰だ」「もっと賠償金を取れ」と叫ぶ。

しかし、もっと取れと言っても、国家対国家が軍事的に衝突しているというリアリズムがあります。いまかろうじて勝ちの形勢ではあっても、もう一カ月続いたら、満州における日本軍は大敗していたでしょう。

（『この国のかたち　四』司馬遼太郎／文春文庫／二一八〜二一九ページより引用）

民主主義国家における報道の使命というのは、国の主人である国民が的確な判断を下せるように、的確な情報を国民に送るということです。それがジャーナリズムであることを疑う人はいないでしょう。

日露戦争の時点では、テレビもラジオもないので、「ジャーナリズム＝新聞」と言っていいと思います。つまり、的確な情報を発信することが、唯一のジャーナリズムである新聞の使命だということです。

ところが、この時点でもう日本の新聞は歪《ゆが》んでしまっていたのです。あまたの新聞はこぞって、日露戦争の途中から、「日本は強くて、何の問題もない」、としか言ってこなかったからです。

日露戦争が終結した時点でも、勝った、勝ったと言うだけで、実は弾丸が切れる寸前だったわけで、もうこれ以上やったら危ない、ということは一切言わなかったのです。

その結果、起きたのが「日比谷公会堂焼き打ち事件」です。

司馬さんも述べていますが、ポーツマス講和条約に不満を抱く国民は、東京・日比谷公園に集まり、集会を開きます。そこで怒りを募らせた人々は暴徒と化し、日比谷公会堂に火をつけ、その後も内務大臣官邸、徳富蘇峰の國民新聞社、近所の交番など、次々と襲って破壊していきました。

私は、この「日比谷公会堂焼き打ち事件」こそ、国民が冷静さ、理性を失ったという意味で、近代における日本の分岐点の一つだったと思っています。

そして、その日比谷公会堂焼き打ちを招いたそもそもの原因を作ったのは、他ならぬ、報道の使命を全《まっと》うしなかった新聞なのです。

●日比谷公会堂とともに失われた、ジャーナリズムの良心

新聞はなぜ、真実を報じなかったのでしょう。

原因の一つに、「民は由らしむべし知らしむべからず」という政治家の、ひいては彼らにつき従う新聞人の傲慢な思いがあったことは、事実だと思います。

この言葉は、もともとは『論語』の中にある言葉です。元来は「人民を為政に従わせることはできても、その道理を理解させることはできない」という意味だったのですが、それが転じて、「為政者は人民を従わせればよいのであって、その道理を理解させる必要はない」という誤った意味で使われるようになっていった言葉です。

しかし、日本の大新聞がこぞって真実を報道しなかった原因は、これだけではありません。もう一つ、とても重要な大きな要因があると、私は思っています。それは、とりもなおさずそのことを「国民が望んだから」だということです。

つまり、新聞は、国民の熱狂に迎合したということです。

もっとわかりやすく言えば、そういう記事を書いたほうが、「新聞が売れるから」です。

人間というのは、誰しも苦言《くげん》は聞きたがらないものです。

そんな、ただでさえ聞きたくないものを、ましてや金を払ってまで買う人はほとんどいません。これが、どこの国においても良心的なジャーナリズムがなかなか成立しない理由です。

とはいえ、イギリスやフランスでは、苦言を辞さない良心的な新聞が成立していま す。そういう新聞を「クオリティーペーパー」と言います。

ところが今の日本には、クオリティーペーパーと呼べるものがありません。本当のことを言うと、実は昔からないのです。『朝日新聞』こそ良心的な新聞だと信じている人も日本にはいるようですが、七〇〇万部も売れているような大新聞がクオリティーペーパーになり得ることは、世界の常識としてけしてありません。

クオリティーペーパーというのは、時と場合によっては苦言をも聞かなければいけない、世の中はそううまい話ばかりではない、政治を預かる者としてきちんとした情報を得なければならない、そういう「自覚のある人」に対して的確な報道を提供するものだからです。そうした自覚を持った人は、残念ながらどんな社会でも多数派ではあり得ません。理の当然として、クオリティーペーパーが大新聞になることはあり得ないのです。

日本には昔からクオリティーペーパーは存在しなかったと言いましたが、例外が一つだけありました。あえて言うなら、日比谷公会堂焼き打ち事件のとき、関連被害を受けた徳富蘇峰の『國民新聞』がクオリティーペーパーに近いものだったと言えるでしょう。

しかし、その『國民新聞』は、こともあろうに焼き打ちによって失われてしまいます。

もし、このとき日本が『國民新聞』が売れているような国だったら、昭和二十年の破滅はなかったのではないかと、私は思います。

しかし、日本では『國民新聞』のような良心的なジャーナリズムは、それが国民の間に根付く前に失われてしまいました。それ以降は、日本に存在したのは広い意味の扇動ジャーナリズムばかりです。

なにしろ国民を扇動すればするほど、安易に利益を上げることができるのですから、自らそこにブレーキをかける勇気ある新聞はありませんでした。むしろ、売り上げを競うように、扇動内容が激化していくことになるのです。

●新聞が日本を「世界大戦」へ追い込んだ

日本の近代史の曲がり角は、いくつかあります。

日比谷公会堂の焼打事件がその一つですが、その後の、もう一つの大きな曲がり角は、日独伊三国同盟の締結だと私は考えています。

もちろん、他にも大小いろいろな曲がり角があるので、異論を唱える人もいるかもしれません。しかし、少なくともジャーナリズムという視点に立つなら、間違いなくこの三国同盟が大きな分岐点だったと言えるでしょう。

日本は日独伊三国同盟を結んだ昭和十五（一九四〇）年以降、完全にナチスドイツに引きずられ、ABCD包囲網にしてやられることになります。

「ABCD」とは、敵対するアメリカ、イギリス（ブリティッシュ）、中国（チャイナ）、オランダ（ダッチ）という四カ国のアルファベットの頭文字をとったものです。つまり、日本が「世界」を相手に戦わなければならなくなったのは、日独伊三国同盟を結んでしまったことが大きな理由なのです。

当時、この同盟に反対した人はたくさんいました。たとえば海軍はドイツと結ぶことは危険だと常々言っていたので、海軍中枢部はこぞって反対していました。

中でも絶対反対を主張したのが、山本五十六《やまもといそろく》でした。これは半藤一利《はんどうかずとし》さんの『山本五十六』にも出てくる場面ですが、陸軍の幹部がヒットラーに心酔し、『我が闘争』というヒットラーの自叙伝兼扇動書を得意気に読んでいるのを見て、「君たちは知らないのか。この中には、実は日本人を有色人種としてばかにした部分があるのだが、日本版はそこがカットされているんだぞ」と忠告しているのです

他にも、昭和天皇が「ドイツと結んで大丈夫なのか」と危惧《きぐ》していたことが、『昭

和天皇独白録』に記録されています。

上層部には、このように、冷静な判断をしていた人もいたのです。そうした意見があることを、「海軍はこれこれの理由で危ないと言っている」とか、山本五十六が言ったように、「『我が闘争』には本当は日本人を蔑視《べっし》する内容が書かれている」といったことを、マスコミが国民に伝えなければいけなかったのです。国民が知りえないことを的確に伝えるのが、報道の使命なのですから、それは当然のことです。

ところが、当時の新聞は、そうしたことはまったく伝えませんでした。それどころか、「ヒットラーのドイツは強い」「一刻も早く同盟を結んだほうがいい」「バスに乗り遅れるな」といったことばかりを言って、やるべきだ、やるべきだと、さんざん世論を煽ったのです。

それに際して重要なことはこのことです。

これは陸軍がやらせたことではなく、新聞が自らの判断でやったことなのです。

もちろん、陸軍は同盟を結ぶ気でいましたが、それ以前から新聞が騒いでくれたので、むしろ新聞によって煽られた世論によって、陸軍がその気になってしまったと言ってもいいと、私は思っています。

では、なぜ軍に命じられたわけでもないのに、お先棒担ぎのように新聞は煽ったのでしょう。

煽れば煽るほど、新聞が売れたからです。

ですから、日本が世界と戦わざるをえない方向に行ったのは、「日独伊三国同盟結ぶべし」ということを言って世論を煽った新聞の責任が非常に大きいのです。

●なぜ当時の日本人は、日本はアジアの盟主たるべき国家だと信じたのか

日比谷公会堂焼き打ち事件以降、日本の新聞は、ほとんどすべてと言っていいと思いますが、読者に迎合していくタイプの新聞になってしまいました。

ここで言う「迎合」とは、具体的に言うと、日本の国家主義的傾向を煽る、という

ことです。

これは、当時の日本人の多くが、国家主義的傾向を喜んだ、ということでもあります。

なぜそうだったのかということについては、今となっては少し説明が必要でしょう。

今、ＮＨＫの大河ドラマ『花燃ゆ』の影響もあって、吉田松陰《よしだしょういん》ブームが起きていますが、吉田松陰という人は、「日本人は天皇の前にはすべて平等である」という理屈で、幕末の日本に「平等意識」を、かなり強引に構築しました。

天皇というのは至高の存在である。将軍が偉い、関白が偉いと言っても、しょせんは天皇の一臣下にすぎない。だから、われわれは天皇という至高の存在の前では平等である。ゆえに、たとえ田舎に住んでいる名もなき農民であっても、無名の浪人であっても、志《こころざし》を持って天皇のために立ち上がれば、それはまごうことなき「志士」であり、志士こそが世の中を変えることができる。そう考え、その考えに従って行動したのです。

こうした松陰の考えが、明治維新の原動力になりました。

どんな身分の人間でも、志を持って天皇のために立ち上がれば世の中を変えることができる。これを「草莽崛起《そうもうくっき》」と言います。実際、この考えのもと、吉田松陰の弟子である高杉晋作《たかすぎしんさく》が作ったのが「奇兵隊《きへいたい》」でした。

高杉の奇兵隊は、やがて明治における国民皆兵へと繋がっていきます。

今は戦後七〇年にわたって対外戦争のなかった穏やかな時代ですので、兵役の義務がなくてピンと来ないかもしれませんが、帝国主義時代のように、国家が互いに戦争し合っていた時代の市民（男子限定ですが）にとっては、兵役はとても重要な義務の一つでした。

人生の最大の難事であった兵役についての意識は、今とは全然違います。特に若い人には想像もつかないかもしれませんが、イギリスであれフランスであれ、日本であれ、兵役は非常に重要視された男子の義務であるとともに、兵役を担うことは男子にとって一個の人間として誇り高いことだったのです。

日本の場合もう一つ付け加えられるのは、これも吉田松陰の影響なのですが、唯一天皇だけが一頭地を抜きん出た至高の存在であって、ほかの人間はすべてその前では平等であるということが特異な点でした。そのために、天皇が至高の存在であることを裏づける『古事記』や『日本書紀』に書かれていることはすべて真実である、とされてしまった、ということです。

こうして明治維新以降、『古事記』や『日本書紀』の内容を疑ったり、そこに書かれていることが本当かどうか科学的に検討することができなくなってしまったのです。検討するということは、天皇が至高の存在であるということを疑うことに繋がるので、そのようなことは「不忠の臣」がすることだ、というわけです。

このことが招いた最大の問題は、神功《じんぐう》皇后の「三韓征伐《さんかん》」という神話を、史実であるという前提で現実に持ち込んでしまった、ということでした。

三韓征伐とは、第十四代天皇である仲哀《ちゆうあい》天皇が日本に逆《さか》らう朝鮮半島の三国（新《しら》羅《ぎ》、高句麗《こうくり》、百済《くだら》／馬韓・弁韓・辰韓とも）を攻めようとして果たせなかったその遺志を、その妻である神功皇后が継ぎ、見事にそれを果たし、なおかつ彼らに日本に対する服従、服属を誓わせたという架空のストーリーに基づいた神話です。

これは天皇の実在すら不確かな話で、「神話」と位置づけられるべきものなのですが、『古事記』『日本書紀』に書かれているため、史実とされてしまいました。この話が史実であるとすると、朝鮮半島は、中国を宗主国として仰ぐ以前に日本が服属させたということになり、「朝鮮半島は日本の固有の領土だ」ということになってしまうわけです。

しかし、もしここで、「それは神話だから、あやふやだ」と言うと、天皇に対して失礼だということになってしまう。

つまり明治以降の教育は、至高の存在である天皇の前では国民はすべて平等である、というところまではいいのですが、ゆえに記紀に書かれていることはすべて事実である、という理論が同時に成立します。その結果、「日本がアジアの盟主となるのは正しい」という方向性がついてしまったことが問題なのです。

確かに、二十世紀初頭の朝鮮国は、身分制度が頑《かたく》なに残り、学問の自由も、表現の自由もない、はっきり言って近代国家とはほど遠い遅れた国家でした。しかし、だからといって、日本人が自分のモノにしていいはずがありません。

しかしそこに、これは神功皇后以来決まっていた「正しい姿」なのだ、という大義名分を与えてしまったのが、天皇至高論に基づく記紀信仰だったのです。

そういう正義に、世界で初めて非白人国家が白人国家を打倒した日露戦争の勝利が加わり、また、他にもいろいろなことが相まって、大日本帝国が戦争によってアジアの盟主たるべき国になることが正しいことだ、という感覚を、当時の日本人はみんな共有していたのです。

しかし、そうであったとしても、もしクオリティーペーパーが存在していたら、「本当にそれでいいのか」とか、「本当に三韓征伐は歴史上の事実だったのか」、ということを国民に問いかけていたはずです。そういうことができなければ、それはもうクオリティーペーパーではないからです。

そして、日本にはクオリティーペーパーはありませんでした。

●満洲行進曲

話を少し戻しましょう。

日露戦争に勝利したことでロシアを満州から追い出すことに成功した日本は、南満州鉄道（満鉄）の建設や、関東都督府《ととくふ》の設置など、満州における権益の獲得に力を注《そそ》いでいきます。

資源もなく、広大な領土も持たない日本が、西欧列強に対抗していくためには、どうしても西欧列強における「植民地」のようなものが必要だったのです。

しかし、「植民地」をただ持ったというだけでは、欧米と同じになってしまいます。アジアの盟主たるべき日本には、西欧とは違う新たな国のかたちが必要でした。そこで日本が掲げたのが「アジアが共に仲間として発展する国」を作ろうという理想でした。その理想の下に作られたのが満州国です。

満州国は、五族、つまり、日本、漢族（中国）、満州族、朝鮮、モンゴルという五つの民族が協調して作る国なのだというスローガンの下、あくまでも植民地ではなく、日本の支援によって独立した王道楽土であると強調されました。

やがて満州は「日本の生命線」と言われるようになり、満州が滅びたら日本は滅びるという強固な世論へと成長していきます。

昭和史を振り返るとき、「日米開戦はなぜ起こったのか」という問いが常になされます。

実はこの問いに大きく関わっているのが、満州の存在なのです。

日米開戦は、アメリカがわざと日本を挑発したという説もありますが、それはアメリカが日本に中国からの撤兵を強引に言ってきたことが直接原因となっているからです。アメリカは、日本との和平交渉をする準備はあるが、それを行なうためには、日本が中国から撤兵することを前提条件として求めました。

アメリカの条件を呑《の》んで戦争を回避するか、条件を蹴《け》って開戦するか。それ以前に、アメリカの言う「中国」とはどの範囲を意味するのか。

日本では、いろいろな意見が出ました。いちおう条件を呑むとしておいて、五年も十年もかけて撤兵すればいいという意見や、満州は中国に含まれないという考え方もあったようです。

しかし、最終的に陸軍は、アメリカの言う「中国」には「満州も含まれる」という主張をそのまま受け止め、そんな条件は絶対に呑めないとして、結局は反対する海軍も引きずり込むかたちで開戦に至ります。

このとき、なぜ陸軍は、「満州に関しては絶対に譲れない」と思ったのかというと、すでにこの時点で「満州は日本の生命線である」という強固な世論が出来上がっていたからです。

では、誰がどうやってその世論を形成したのでしょう。

実は、ここで最も大きな役割を果たしたのが、日本の大新聞、とりわけ『朝日新聞』だったのです。

『朝日新聞』は、満州こそ日本の生命線だという世論形成のために、『満洲行進曲』という満州を守る歌を作ることを企画します。そして、新聞の紙面を使って、歌の歌詞を公募したのです。

当選した大江素天《おおえそてん》は、大阪朝日新聞社計画部長として奉天《ほうてん》に駐在していた人物でした。『朝日新聞』は当選者の身元を明らかにしているので、別に八百長ということではなく、たまたま一般の人が応募した中にはいい作品がなかったのでしょう。

確かに『満洲行進曲』はいい作品です。そしていい作品であったがゆえに、当時の日本でものすごく流行しました。

この曲は今でもユーチューブなどで聴くことができますが、ここではその歌詞をご紹介しましょう。

満洲行進曲　（発表：一九三二年）

作詞：大江素天　作曲：堀内敬三

一、過ぎし日露の戦ひに　勇士の骨をうづめたる
忠霊塔を仰ぎ見よ　赤き血潮に色染めし
夕陽をあびて空たかく　千里曠野に聳えたり

二、酷寒零下三十度　銃も剣も砲身も
駒の蹄も凍るとき　すはや近づく敵の影
防寒服が重いぞと　互ひに顔を見合はせる

三、しつかりかぶる鉄かぶと　たちまちつくる散兵壕
我が連隊旗ひらひらと　見上げる空に日の丸の

銀翼光る爆撃機　弾に舞ひ立つ伝書鳩

四、戦ひやんで陣営の　かがやき冴える星の下
黄色い泥水汲み取つて　かしぐ飯盒に立つ湯気の
ぬくみに探ぐる肌守り　故郷いかにと語り合ふ

五、面影さらぬ戦友の　遺髪の前にいまひらく
慰問袋のキャラメルを　ささげる心きみ知るや
背嚢枕に夜もすがら　ねむれぬ朝の大ふぶき

六、東洋平和のためならば　我等がいのち捨つるとも
なにか惜しまん日本の　生命線はここにあり
九千万のはらからと　ともに守らん満洲を

ここで何を言っているのかというと、要は「満州を攻略するために、日清、日露以来どれくらいの人間が死んだだろうか。その犠牲を絶対に無駄にしてはならない。日本が満州を守るのは、あくまでも東洋平和、つまりアジアの平和を守るという正義のためだ」ということです。

●軍歌の力

イデオロギーを歌にするというのはすごく大きな意味を持ちます。なぜなら、歌は大人から子供まで、教養があってもなくても、誰でも歌えるからです。そして歌うことで、知らず識《し》らずのうちにその歌に内包された思想が人々の心に深く刷《す》り込まれていくのです。

そのため、日本人は何でもすぐに歌を作ります。『勇敢なる水兵』という有名な軍歌があるのですが、これができたのは日清戦争の直後の明治二十八（一八九五）年でした。

勇敢なる水兵

作詞：佐佐木信綱　作曲：奥　好義

一、煙も見えず雲もなく　風も起こらず浪立たず
鏡のごとき黄海《こうかい》は　曇りそめたり時の間に

二、空に知られぬ　雷か　浪にきらめく稲妻か
煙は空を立ちこめて　天つ日影も色暗し

三、戦い今かたけなわに　務め尽せるますらおの

尊き血もて甲板は　から紅に飾られつ

四、弾丸のくだけの飛び散りて　数多の傷を身に負えど
その玉の緒を勇気もて　繋ぎ留めたる水兵は

五、間近く立てる副長を　痛むまなこに見とめけん
彼は叫びぬ声高に　「まだ沈まずや定遠は」

六、副長の眼はうるおえり　されども声は勇ましく
「心安かれ定遠は　戦い難くなしはてぬ」

七、聞きえし彼は嬉しげに　最後の微笑をもらしつつ
「いかで仇を討ちてよ」と　いうほどもなく息絶えぬ

八、「まだ沈まずや定遠は」その言の葉は短かきも
　　皇国を思う国民の　心に永くしるされん

軍歌には大きく二種類の歌があります。

一つは主に軍人の行動を、元気づける、盛り上げるための歌で、いわば一種の応援団みたいなものです。

もう一つは、軍人も歌うけれど、国民の愛唱歌にもなって、結果的に国民の国威発揚に繋がった歌です。

歌詞をご紹介した『勇敢なる水兵』は、日清戦争における黄海海戦をテーマとしたもので、軍人の応援歌であるとともに、戦争礼賛歌、英雄礼賛歌の色合いが強い歌です。同様のものは多く、日露戦争でバルチック艦隊を撃破した日本海海戦を称えた軍歌『日本海海戦』は、同じタイトルで四作もの歌が作られ、その中の一つは文部省唱

歌として尋常小学校でも歌われました。

こうした軍歌は、今もユーチューブで聴けるので、一度聴いていただくとわかるのですが、どれもリズミカルで明るい曲調をしています。つまり、歌詞の内容は重くても、人の高揚感をいやがおうにも掻《か》き立てる作りになっているのです。

当時の人々はこうした軍歌を歌うことで、戦争を美化、肯定する気持ちを自ら強めていったのです。

●肉弾三勇士

当時、国民を扇動したのは、何も『朝日新聞』だけではありません。

『満州行進曲』の公募が行なわれたのとほぼ同時期、『毎日新聞』は、『爆弾三勇士の歌』を公募しています。

爆弾三勇士というのは第一次上海事変中の昭和七（一九三二）年二月、上海郊外の廟行鎮《びょうこうちん》に築いた敵陣の鉄条網に突撃路を開くため、三人の兵士が約三メートルの長さの竹筒で包んだ爆弾を抱えて、鉄条網に突入して爆死、自らの命を犠牲にして活路を開いたという日中戦争の「美談」です。

三人の兵士の名は北川丞《きたがわすすむ》、江下武二《えしたたけじ》、作江伊之助《さくえいのすけ》。三人とも久留米《くるめ》第二十四旅団の一等兵でした。実は、彼らは自爆するつもりではなく、たまたま爆弾の導火線が短かったため、離脱が間に合わず爆死してしまったという説もあるのですが、軍は三人の爆死を、壮烈な覚悟のうえの自爆と発表しました。すると、新聞各社はこれに飛びつき、敏感に反応、『毎日新聞』が三人を「爆弾三勇士」と命名して称えると、『朝日新聞』は三人を「肉弾三勇士」と称して盛んに報じました。

彼らの記事は大反響を呼び、三人は二階級特進して伍長となり、全国から集まった遺族への弔慰金は陸軍省始まって以来の額に達します。

早くも翌月三月には、五社の映画会社が三勇士を取り上げて上映、歌舞伎や新派など舞台でも三勇士をテーマにした演目が上演されました。また三人の出身地である久留米では、三勇士の名を冠した饅頭《まんじゅう》や酒まで売り出されたといいます。

そうした中で、『大阪毎日新聞』は、爆弾三勇士を称える歌を作ろうではないかということで、国民に歌詞を公募。これにはなんと八万四五七七通もの応募がありました。

すると、『朝日新聞』も、『毎日』に負けてなるかと、やはり肉弾三勇士の歌を公募します。こちらは『毎日』を上回る一二万四五六一通もの応募があったといいますから、当時の人々の熱狂振りがいかにすごいものだったかわかります。

こうして三勇士を称える歌がいくつも作られたのですが、その中で最も流行《はや》ったのが、詩人である与謝野鉄幹《よさのてっかん》が作詞した『爆弾三勇士の歌』でした。

おそらくこれは、戦前の人なら誰でも知っている歌だと言っていいでしょう。それぐらい流行しました。そしてこれ以降、新聞が英雄を称える歌を公募するというのが、いわば恒例になっていったのです。

爆弾三勇士の歌　（一九三二年発表）

作詞：与謝野寛（鉄幹）　作曲：辻順治・大沼哲

一、廟行鎮の敵の陣　我の友隊すでに攻む
折から凍る如月の　二十二日の午前五時

二、命令下る正面に　開け歩兵の突撃路
待ちかねたりと工兵の　誰か後をとるべきや

三、中にも進む一組の　江下 北川 作江たち
凜たる心かねてより　思うことこそ一つなれ

四、我等が上に戴くは　天皇陛下の大御稜威

後に負うは国民の　意志に代われる重き任

五、いざ此の時ぞ堂々と　父祖の歴史に鍛えたる
鉄より剛き「忠勇」の　日本男子を顕すは

六、大地を蹴りて走り行く　顔に決死の微笑あり
他の戦友に遺せるも　軽く「さらば」と唯一語

七、時なきままに点火して　抱き合いたる破壊筒
鉄条網に到り着き　我が身もろとも前に投ぐ

八、轟然おこる爆音に　やがて開ける突撃路
今わが隊は荒海の　潮の如くに躍り入る

九、ああ江南の梅ならで　裂けて散る身は花と成し
　仁義の軍に捧げたる　国の精華の三勇士

十、忠魂清き香を伝え　長く天下を励ましむ
　壮烈無比の三勇士　光る名誉の三勇士

こうした「美談」の記事は、本当の意味での「報道」ではありません。これもまた「迎合」なのです。なぜなら、どうして美談にするかというと、そのほうが新聞が売れるからです。「報道」ではなく、「商売」であると言ってもいいでしょう。

渋谷のランドマークとなっている「忠犬ハチ公」もそうです。

ハチ公は、ご主人が出先で死んでしまったので、仕方なくいつも出迎える渋谷駅前

のをうろうろしていたところ、たまたま近くで飲んでいた人が焼き鳥をくれたりしたのでそのまま居ついてしまった、というのが真相だと言われています。

でも、それでは読者は許してくれない。やはりハチ公はご主人を健気《けなげ》に待ち続ける「忠犬」でなければならなかったのです。なぜなら、人は常に感動を求めるからです。

問題は、国民はすべて等しく天皇に忠義を尽くすべきという時勢もあって、ハチ公の忠誠心が、そのまま「愛国美談」に繋がっていったということです。

犬でさえ、こんなにも忠義を尽くすのだから、ましてや人間をや、ということですね。

日本の新聞記者というのは、こういうお話を作る能力が高く、些細《ささい》なことでも「美談」に仕立ててしまうと言うと聞こえがいいですが、要は、事実を報道することを旨《むね》とするはずの新聞の紙面が、「迎合」によって作り話のオンパレードになっていってしまったのです。

●百人斬り競争

当時の記事で、作り話か否《いな》かということが、大きな問題になった例として「百人斬り競争」の記事があります。

「百人斬り競争」とは、日中戦争（当時の呼称は支那事変）の初期に、陸軍将校の野田毅少尉と向井敏明少尉が、南京入りまでにどちらが早く敵百人を斬るか競ったとされるものですが、当時各新聞は、あろうことかこれを前線で戦う勇士の「武勇伝」として報道しました。

（参考：1937年12月13日東京日日新聞【紫金山麓にて十二日淺海、鈴木兩特派員發】〝百人斬り競爭〟の兩將校（右）野田巖少尉（左）向井敏明少尉─常州にて佐藤（振）特派員）

この記事は『東京日日新聞』(現・『毎日新聞』)が最初に取り上げ(昭和十二年十一月三十日)、それを受けて『大阪毎日新聞』が後追い記事を書き(昭和十二年十二月十六日)、『鹿児島朝日新聞』もまたその波に乗る(昭和十三年三月二十日)というかたちで各紙に続々と掲載されていきました。

この一連の報道の真偽については、いまだにいろいろな論点で取り上げられていいます。たとえば、戦闘における百人斬りは誰が初めに言い出したのか。『毎日新聞』の記者が言ったのか、それとも当事者が「俺がやったんだ」と自慢話で話したのか、実際のところはわからないのです。

他にも、斬られたのは捕虜なのか、戦闘員なのか。そもそも日本刀で百人も斬ることが可能なのか。真相は闇の中、というのが真実なのです。

人権に照らしていろいろな問題があることは事実ですが、ここではひとまずそれは置いておいて、今回私が問題にしたいのは、この記事が日本国民に「ものすごくウケた」ということです。このことは事実なのです。

おそらく、今だったら眉《まゆ》をひそめる人のほうが圧倒的に多いこの記事を、当時の新聞記者たちは記事として書きたいという気持ちを持っていたし、記事を載せた新聞は飛ぶように売れました。とりもなおさず国民もこの記事を喜んで読んだ、ということです。

ですから、当時の記者に聞いたら、「民衆がこういうものを求めていたから書いたのだ」と言うかもしれません。確かに、それはある意味、事実だったと思います。

けれども、仮に当事者たちが本当にそういうことをやっていたとしても、そして国民がそういう記事を読みたがっていたとしても、それを「新聞」が軍国美談として取り上げることがジャーナリズムとして正しい行為だとは言えません。それも、一国を代表するような、押しも押されぬ大新聞が成すような行為でしょうか。

ですから、ねつ造か否かなど、内容にいろいろな問題がある記事なのですが、やはり最大の問題は、新聞がこうした記事を大々的に報道して、国民の戦争熱を煽っていた、ということです。そのことについては、いくら「事実を報道した」と強弁したとしても、責任は免れないはずです。「結果責任」が問われてしかるべきものではないでしょうか。

よしんば仮に百人斬りという事実があったとしても、それを大々的に報道するかしないかは報道機関である新聞社の問題だからです。

要するに新聞は、百人斬り競争の記事を通して、「日本兵はこんなに強くて、悪い中国兵を片っ端からやっつけている」ということを宣伝したかったのです。

他にも、さまざまなかたちで戦前の新聞は「扇動」しています。具体例をもう少し挙げてみましょう。

●飛行機を介《かい》した、軍と新聞の密接な関係

昭和十二(一九三七)年、イギリス国王ジョージ六世の戴冠式を記念して、一大イベント「亜欧連絡飛行(東京—ロンドン間)」を企画したのは『朝日新聞』でした。

朝日新聞社は、陸軍に九七式司令部偵察機（三菱重工が開発）の試作2号機の払い下げを依頼、パイロットと機関士も陸軍の兵士を借り、当時空軍の先進国・フランスも失敗を繰り返していた日本とヨーロッパの連絡飛行に挑んだのでした。しかも、このチャレンジには「一〇〇時間以内」という制約もつけていました。

『朝日新聞』では、この企画の応援歌と機体の愛称を紙面で公募、後に愛称は東久邇宮稔彦王《ひがしくにのみやなるひこ》によって応募の中から「神風」が選ばれました。応援歌は『亜欧連絡記録大飛行声援歌』と題され、日本コロンビアから発売されました。

さらに、連日紙面で「飛行は何日間で達成されるか。当てましょう」といった、一種のクイズも行なうなど、いろいろな企画記事で人々の興味を引き続けました。

この飛行は、悪天候で一度引き返すというアクシデントがあったものの、最終的には成功を遂げています。

一九三七年四月六日早朝に立川飛行場を飛び立った神風号が、途中給油をしながらも、目的地であるロンドンに到着したのは四月九日の午後（現地時間）、チャレンジは見事成功します。九四時間一七分五六秒（実飛行時間は五一時間一九分二三秒）のフライトだったと記録されています。

その後神風号は、ジョージ六世の戴冠式の映像を積んで帰国。日本の人々に大喝采をもって迎えられました。

『朝日新聞』はこの一連の飛行を今日で言うキャンペーン企画として連日紙面で大々的に取り上げていきます。

実は、『朝日新聞』が飛行機に目をつけたのは、これが最初ではありませんでした。朝日新聞と飛行機との関係は、明治四十四（一九一一）年、陸軍が所沢に日本初の飛行場を完成したのを機《き》に、アメリカの飛行家マースとシュライバーを招いて、飛行機という最新の文明の発明品を日本に初めて紹介したことから始まります。大正十四（一九二五）年に、当時評判の良かったフランスの爆撃機ブレゲー十九型機二機を購入し、それぞれに「初風《はつかぜ》」「東風《こちかぜ》」と命名し、日本初の外国飛行を成功させたのも

朝日新聞

今暁・零時三十分（日本時刻）
遂にロンドンに安着
鵬程一萬五千三百キロ
わが國最初の榮冠獲得

〝神風〟に輝く世界新記録

ローマ、パリを通過

神風所要時間

兩勇士は語る

見事な着陸

（参考：http://www.tanken.com/asahikoku.html より）

『朝日新聞』でした。ちなみに、このときもパイロットは陸軍から借りています。

昭和二（一九二七）年にリンドバーグが大西洋無着陸横断に成功すると、世界は次の大目標として太平洋横断という記録を目指し、競争を繰り広げるようになってきます。日本もこの競争に名乗りを挙げますが、当時名パイロットとして成功が期待されていた後藤勇吉《ごとうゆうきち》が事故死したことなどもあり、なかなか成功しませんでした。

そんな中、昭和五（一九三〇）年にアメリカのハロルドとゲッティーが、日本の青森の海岸（現・三沢基地の近く）からの飛行に失敗すると、『朝日新聞』は太平洋横断の成功に巨額の懸賞金をかけます。しかし、日本の失敗は続き、ついに昭和六（一九三一）年、アメリカのパングボーンとハーンドンの二人が世界初の太平洋無着陸横断の夢を達成します。

悔しい思いをした『朝日新聞』は、この頃から「純国産機による飛行記録の達成」を目指し始めます。そして、ついにその悲願を成し遂げたのが、先の「神風号による亜欧連絡記録大飛行」だったのです。

あくまで民間の新聞である『朝日新聞』の、一キャンペーンに、軍部が全面協力したのには、こうした過去の長い歴史があってのことだったのです。そして、こうした軍部と『朝日新聞』の密接な関係を支えていたのが、『朝日新聞』が熱心に行なっていた「軍用機献納」のための募金でした。この募金により、朝日新聞社は、昭和十一（一九三六）年までに陸軍と海軍、それぞれに五〇機もの飛行機を献納しているのです。

ですからある意味、日本の航空黎明期《れいめい》における『朝日新聞』の貢献は絶大なものがあったと言えるのです。

こうして『朝日新聞』の華々《はなばな》しい大記録に対抗心を燃やし、ライバル『毎日新聞』が挑んだのが「ニッポン号」による世界一周飛行でした。

当時、飛行機による世界一周には、すでに世界中で七つの記録が存在していました。ここで、世界新記録を打ち立て『朝日新聞』の神風号の記録に対抗するためには、少なくとも総飛行距離五万キロを超す必要がありました。そこで『毎日新聞』は

世界一周大飛行

懸賞募集

ニツポンは何時間で太平洋を横断するか

世界一周大飛行の本社機ニツポンが六萬キロ征空の壯途に就く日は迫つて來ました。本飛行により幾多の新記録が樹立さるべく豫想されてゐますが、その中でも特に根室――ノーム間の無着陸飛翔による太平洋横斷は全コースの最大難關とせられ、これを突破すれば今回の壯途は半ば成つたといつて差支ないとさへいはれてゐます。いはんや、わが國産機による太平洋横斷は今回をもつて嚆矢とし、全國民は申すに及ばず、世界の視聽の集まるところであります。本社は根室――ノーム間の無着陸飛翔のかくの如き重大性にかんがみ、且は大方の熱烈なる關心に應ふべく、こゝに太平洋横斷所要時間豫想を懸賞募集することにしました。左の規定により奮つて應募されんことを希望します。

＝規　定＝

一、飛行時間　本規定による所要時間とは根室飛行場離陸時刻よりノーム飛行場着陸時刻までの時間とす。右時間は本社機搭乗記録即ちニツポン機行の計時機により機長が測定報告せる記録による。但天候その他飛行の都合によりノーム飛行場に着陸せざる場合は、ノーム上空に到達したる時刻をノーム到着時刻とす。

一、懸　賞　一人一枚本人に限る。（匿名變名は無効）

一、用　紙　官製ハガキに限る。

一、書　式　左記の如く墨又は黑インキにて明記のこと。

表　東京中央郵便局　私書函六六一番　東京日日新聞社　ニツポン懸賞係

裏　太平洋横斷所要時間　時間　分　秒　住所　氏名

一、締　切　八月廿日中に到着のものをもつて締切る。

一、發　表　本社にて關係官廳立會の上行ひ、當選者氏名を本紙上に發表。答案的中したるものを一等とし的中者二名以上の場合は先着順により決定、もし同着の場合は抽籤をもつて決定す。的中者なき場合は飛行時間に最も近きものより順次等級を定む。

賞

一等　一千圓（參當公債）　一名

二等　模型飛行機（甲種）　廿名

三等　模型飛行機（乙種）　百名

注意　一たん應募されたハガキは理由の如何を問はず返戻致しません。

東京日日新聞社

なんと六万キロの目標を掲げます。

当然ながら大々的なキャンペーンをうち、ここでも飛行達成時間を当てる懸賞が行なわれています。

結果はというと、こちらも見事に成功。飛行距離こそ五万二八六〇キロと、目標の六万キロに届きませんでしたが、総飛行時間一九四時間の大記録でした。

このように、戦前の日本で

は、新聞の部数競争が、そのまま飛行機という憧れの文明を通して国家主義への扇動になっていたのです。

●日本の新聞は、国民に正しい情報を伝えたことがない

実際には国民を戦争に向けて扇動していたにもかかわらず、戦後になると、一転して被害者づらして、自分たちが行なってきたことを一切反省しなかった。これが「新聞」の大きな問題の一つです。

しかし、さらに大きな問題があります。それは、すでに触れてきたことですが、国民に対して、新聞の唯一最大の目的である的確な情報というものを提供してこなかった、ということです。

ジャーナリズムの使命は、国民という「ご主人様」がものごとを判断できるように、的確な、そして変なバイアスのかかっていない情報を提供することです。

しかし、戦中はもちろん、戦前も新聞は的確な情報を国民に提供するという使命を果たしていません。

なぜ、この最も大切な使命を果たさなかったのでしょう。

それは、ごく簡単に言えば、「ご主人様」を取り違えていたからです。戦前の新聞にとって、「ご主人様」は国家、あるいは陸軍でした。

戦後、その「ご主人様」を失った新聞、とりわけ『朝日新聞』は、今度は海の向こうの共産勢力を新たな「ご主人様」に選びます。その結果が、海の向こうに正しい国がある。ソビエトという労働者の天国がある。北朝鮮は天国だ。という共産勢力の宣伝を一方的に垂《た》れ流すことに繋がっていったのです。

これは、ある意味、報道統制以上に罪が重いと思います。なぜなら、報道統制は、無理やりやらされているわけですが、戦前・戦後を通して新聞がやってきた「情報の垂れ流し」は、自ら選んでやってきたことだからです。

たとえば、ソビエトはハンガリーを弾圧し、チェコも弾圧しました。とても「労働者の天国」と言えるような国ではありません。むしろ「労働者大弾圧国家」と言うべき国でした。

やがてそうした素性《すじよう》がばれ、ソビエトは崩壊、ロシア共和国になったわけですが、日本の新聞は、そういう真実の姿をなかなか報道しようとはしませんでした。そして、真実に目をつぶり、自分たちの信じる「ご主人様」の姿「労働者の天国としてのソビエト」にふさわしい情報だけを選んで垂れ流し続けたのです。

これは、中国についても、同じことが言えます。中国は天安門事件が起こったことでもわかるように、明らかな前近代的独裁国家にすぎません。でもそのことを新聞は、言おうとはしませんでした。

でも、中国は中国共産党が独裁する国家であって、ほかの野党は認めないということは、秘密にしているわけではなくて公開している情報です。ですから常識で考えれば、それに対して「理想と違って、おかしいではないか」と疑問を持って当たり前なのですが、それをせず、中国にとってのいい情報ばかり垂れ流す。

つまり、こうした「垂れ流し体質」は、戦前も戦後も基本的には変わっていないのです。彼らが正しいと信じる「ご主人様」が代わっただけです。

これは、本当に正しい情報を伝えるという、新聞本来の使命が果たされたことが、日本では、近代から今に至るまで一度も成立したことがない、ということを意味しています。

これが日本の新聞の一番大きな問題なのです。

第三章

〝言霊《ことだま》〟に縛られる限り、何も変わらない

●良くも悪くも、日本は言霊の国である

ヨーロッパにはさまざまな種類の新聞がありますが、それらは読者層が明確に分かれています。大衆タブロイド紙を読んでいる人が、同時にクオリティーペーパーに手を出すことはまずありません。

でも日本では、家では『朝日新聞』や『読売新聞』といった大新聞を取ってそれを読みながら、最寄りの駅でスポーツ新聞を買って読むということが普通に行なわれています。新聞だけでなく雑誌も日本は特徴的で、週刊誌は一冊の中にヌードグラビアや漫画から小説、まじめな政治・経済の記事までが混在しています。日本人の雑食性がよくわかる事例です。こうした雑誌は、外国ではまずありません。

ですから、日本で『朝日新聞』が約七〇〇万部、『読売新聞』が約一千万部も販売されているというのは、ある意味、庶民の知的レベルが高いからだという見方もできるわけです。海外であれば、タブロイド紙しか買わないような階層の人々も、日本で

はある程度きちんと書かれた著名な新聞も同時に読んでいる、ということです。

ところで一つのモノの中に何でも入れ込むという不思議な作業は、近代に始まったことではなく、古く万葉の時代から見られる日本の文化的特徴の一つではないでしょうか。

万葉時代の歌集『万葉集』は、世界的に見てものすごく特異、という意味でとてもユニークな歌集です。なぜなら、『万葉集』には、防人《さきもり》と呼ばれた、階層としては非常に低い国境警備隊の最前線の兵士の詠《よ》んだ歌が、数多く掲載されているからです。天皇と下級兵士の歌が同じ土俵で扱われることなど、外国では考えられません。

このような構成の歌集は、日本よりずっと古くから文芸作品を残しているギリシャ・ローマにも、中国にも見られません。

最下層の人から、至上の存在である天皇まで、同じ土俵で歌を詠むという『万葉集』の伝統は、今なお宮中の「歌会始」というかたちで生き続けています。

なぜ、このような、世界にも類例のない文化が日本で生まれ、今なおそれが受け継がれているのでしょうか。それは日本人が万葉の時代から今もなお、あることを深く、そう、とても深く信仰しているからです。

「信仰」という表現に違和感を感じる人もいるかもしれませんが、これは日本人のすべてが、と私は言ってもいいと思っていますが、少なくとも大多数の人が今も信仰しているものです。

そのあることとは――、私の本をお読みになったことのある方ならおわかりだと思いますが、それが「言霊《ことだま》」といわれるものです。

言霊というのは、『万葉集』にも出てくる、日本語の中でも最も古い概念の一つで、『広辞苑』の説明を用いるなら、「言葉に宿っている不思議な霊威」ということになります。

しかし、このような説明だとわかりにくいと思うので、もう少し噛《か》み砕《くだ》いてご説明しましょう。

言霊というのは、「ある言葉を口に出して言うことによって、その言葉の内容が実現する」という考え方のことです。つまり、「雨が降る」と言うと現実に雨が降ると考える。言葉と実態（現象）がシンクロするということです。

「何をバカなことを言っているんだ。私は日本人だが、そんなこと、信じていないぞ」。そう思った方も多いと思います。確かに、万葉時代の人ならともかく、現代人はなぜ雨が降るのか科学的に知っているので、言葉の霊力が現実世界を動かすなんてことはとうてい信じられないでしょう。

でも、信じているのです。

その証拠に、こんなとき、あなたはどう思いますか？

明日は恋人との旅行。何カ月も前から念入りにプランを立てて、とても楽しみにしていました。そんなとき、友人の一人が「明日は雨だな」と言いました。

「やめろよ、そんなこと言うの」と、あなたは言いませんか？

そして、翌日本当に雨が降ったら、「ちぇっ、あいつがあんなこと言ったから」と、恨《うら》めしく思うのではないでしょうか？

もう一つ例を挙げましょう。

「顔色が悪いけど、がんなんじゃないか」と言われたら——、「縁起でもない」と嫌な気分になるのではないでしょうか？

では、なぜ「縁起でもない」と思ったのでしょう。

なぜ、嫌な気分になったのでしょう。

それは、「かく言えばかくなる」つまり、いわれた言葉が現実になるのだと、日本人は誰でも心のどこかで思っているからです。本当に言霊を信じていないのであれば、人がなんと言おうが、言葉と現実には何の関係もないのですから、何とも思わないはずです。

結婚式に忌《い》み言葉があるのも、うっかり「別れる」とか「切れる」とか「終わる」などという言葉を使ってしまい、それが原因で新婚カップルが別れるのを防ぐためです。

「お前の女房、浮気してるんじゃないか」と言われて、「やめろよ、不吉なことを言うのは」と言うのも、同じです。

なぜ「縁起でもない」のか、なぜ「不吉」なのか、なぜ、そんなことを言わないでほしいと相手に対して思うのか。すべて言霊を信じているからです。

日本で他に類例のない文化が育《はぐく》まれたのは、日本人が言霊の力を信じていたからなのです。

最下層の防人が詠んだ歌でも、至高の存在の天皇が詠んだ歌でも、言葉に現実を生み出す力があることに変わりはありません。だからこそ、すべての歌が等しく大切に扱われたのです。

でも、言霊はいいことばかりではありません。

日本にクオリティーペーパーがないのも、新聞が真実を伝えられないのも、ある意味、それは言霊のせいだからです。

●言霊の国では、情報は歪《ゆが》んでいく

日本は「言霊の国」です。

言霊は、芸術面に関しては素晴らしい影響をもたらしましたが、報道や情報に関しては、かなりの悪影響を及ぼしてしまった、と言わざるをえません。

日本にクオリティーペーパーが根づかなかったのも、言霊と関係しています。

たとえば、朝日系の『週刊金曜日』という雑誌があります。これは新聞ではありませんが、自らを少数の良心的な読者を対象としたクオリティーペーパーである、と自任しています。

しかし、クオリティーペーパーを自任するにしては、拉致問題などについての的確な報道は、残念ながらまったくできていませんでした。

なぜ、的確な報道ができないのでしょう。

それは、「北朝鮮のほうがイデオロギー的には正しい」という思いこみがあるからです。

基本的に、情報というものは無色です。

北朝鮮であれアメリカであれ、やっていることがいいことであれ、悪いことであれ、情報はきちんと知らせるべきです。ジャーナリズムがすべきことは、いい悪いを判断することではなく、正確な情報を伝えることです。きちんと情報の裏を取り、真実をありのまま伝える。

しかし日本人は、その「ありのまま」というのが苦手なのです。

なぜなら、日本人は、言霊を信じるがゆえに、情報とイデオロギー、またはインテリジェンスとイデオロギーは別ものだという割り切りがなかなかできないからです。

言霊を信じるということは、言葉に現実を変える力があると考えるということなので、起こってほしくないことに接すると、どうしても「こんなことは起こっていない」ということにしたくなってしまうのです。「なかったことにする」ということです。

特に自分たちが正しいと信じている組織が悪いことをしているという情報に接すると、そんな情報は「聞きたくない」「そんなことがあるわけがない」という思いから、耳を塞《ふさ》いでしまいます。

こうして、情報の取捨選択が行なわれてしまいます。

自分たちが信じるものにふさわしい、いい情報だけを流し、都合の悪い情報、信じたくない情報は公表することなく闇に葬《ほうむ》られる。

しかし、情報の中には、耳障りで聞きたくない情報だけど、世に出さなければならないものというものもあります。

そういうときはどうなるかというと、「言い換え」や「書き換え」、あるいは余分なコメントをつけることになります。

たとえば、アメリカの生産量が日本の数十倍あるという情報があったとき、これは客観的事実なので、そのこと自体に「いい」も「悪い」もありません。ただ、日本の数十倍ある、というだけのことです。しかし日本人は、そこに「そんなことは恐れるに足らず」といった余分なコメントをつけてしまうのです。

なぜこうしたことをしてしまうのかというと、言葉が現実を作るのだから、その言葉を自分たちが何らかのかたちで加工すれば、現実も変わるからそれで大丈夫だ、と思うからなのです。

こうして、日本では情報が歪んでいくのです。

●新聞は戦争をすればするほど儲《もう》かった――号外競争

情報が歪むのは、必ずしも情報の送り手のせいだけではありません。読者の皆さまがすでにお気づきのように、受け手の側にも問題はあります。

日本人は縁起の悪い話は聞きたくない、という心情にとらわれています。なぜなら、聞いてしまうと、それが現実になってしまうからです。

たとえば、医者が患者に深刻な病名を告げたとき、患者がそれを聞いて「先生、ウソでしょ。ウソだと言ってください」ということがあります。

医者が「ウソだよ」と言ってあげたところで現実は変わりません。そんなこと、患者もわかってはいるのですが、ウソだと言ってほしいのです。なぜなら、そう言うことで現実も変わる、病気も治ると思うからです。

病気の場合は、どんなに嫌でも、聞きたくないことであっても、医者に聞かないわけにはいきません。しかし、これが新聞だったらどうでしょう。

嫌なこと、聞きたくないことばかり書いてある新聞を、読者は好んで買うでしょうか？

そうです、買わなくなってしまうのです。

新聞社は新聞が売れないと潰《つぶ》れてしまうので、ある程度、読者のニーズに迎合した情報を出していくことになります。

第二章で、戦前、「新聞の部数競争が、そのまま国家主義への扇動になっていた」と述べましたが、その背景には、もともと国民が国家主義を肯定していた、望んでいたという背景があったからなのです。

このことを証明するのが、日清・日露の頃の号外発行部数の飛び抜けた多さです。当時もの凄《すご》く売れ、各社で部数を競っていたのは実は通常号ではなくて「号外」の数でした。現在は、号外はタダで配られますが、当時は事情が違いました。本紙購読者には無償で配付という建前を取っていましたが、タダで入手した号外を販売する者が多く現われたため、東京では有料になりました（大阪では無料）。東京では有料の号外だけを町で買って大ニュースだけを読む、というのが普通だったのです。

当時、すでに日本には新聞の個別宅配制度が存在していましたが、それは裕福な家庭に限ったことで、多くの庶民は読みたいニュースがあったときだけ号外を買う、という買い方をしていたわけです。つまり、号外の売れ行きが、新聞社の売り上げを左右したのです。

当時、どれほど号外競争が激しかったのか、この事実を指摘した立命館大学大学院の小林宗之《こばやしむねゆき》氏の論文「戦争と号外（I）―号外の誕生から日露戦争まで」に興味深い数字が出ています。

【日清戦争中に発行された号外について、朝日新聞の社史によれば、1894年中に発行された号外は確認されているだけでも66回、翌95年は80回とあり、「他紙と比較する資料がないので即断はできないが、大朝の近畿圏制覇をほとんど不動にしたのが号外による勝利だったことは、新聞発達史の通説となっている」(朝日新聞百年史編集委員会)とある。このように、日清戦争期の号外は、新聞自身の勢力を拡大し、新たな商売を生み、号外というものの影響力を示したものといえるだろう。】

【号外による競争が最も激しかったのが、1904(明治37)~05年の日露戦争であった。このときの『大阪朝日新聞』と『大阪毎日新聞』の号外合戦は凄《すさ》まじいもので、戦争中の両社の号外発行回数は、『大阪朝日新聞』が389回、『大阪毎日新聞』が498回という記録が残っている。】

日清戦争のときは最大80回だった号外発行回数が、日露戦争のときには最大498回にも増えているというのですから、新聞社がいかに号外に力を入れていたかがわかります。

これは、今で言えば、ワールドカップ・サッカーをやっているときのほうが、普通のときよりスポーツ新聞が売れるようになるのとまったく同じことです。号外が売れれば（あるいは多数出回れば）本紙も売れるようになったということです。

こうして当時の新聞人の心の中には、戦争をやればやるほど儲かる、ということとともに、国民が「戦いに勝つ強い日本」の記事を喜ぶということが刷《す》り込まれていったのだと思われます。

最初は情報の受け手である国民の意識に迎合するかたちで始まったのでしょうが、やがて、受け手の側が「もういい加減、本当のことを言ってほしい」と、うんざりするようになっても、情報を出す側は、過去の慣例にのっとり、そのままいい加減な情報を出し続けるという状態に変わっていきます。

戦時中は、そうした日本独特のかたちが数々の美談や英雄談を作り出し、戦後は『朝日新聞』を中心とするマスコミの北朝鮮礼賛報道を生み出したのです。

●言葉を換えれば現実も変わる

「聞きたくない」というのは、それが情報としてインプットされることを拒否するということです。

情報を受けつけなければ、分析も対応もできないので、何の意味もないのですが、言霊の世界では、言わなければ実現しないと考えるので、とにかく相手に言わせないし、万一相手が言ってしまった場合は、「聞かなかったことにする」ことで対応しました。

とにかく言霊信者は嫌なことを聞くのが怖いのです。

ところが、皮肉なことに、自分たちが聞くのが怖いからこそ、彼ら言霊信者は正しい情報を受け入れて対処しようとしている人たちを「お前は怖いんだろう」と言って攻めてかかるということをしました。

そう言うことで、怖がっているのを自分から相手にすり替えるのです。

このことは少々わかりにくいと思うので、実例を挙げましょう。

戦前の軍部にも、「戦ったら日本は絶対負けるからやめろ」、あるいは「ソ連の力は強大だから冷静に計画を練り直すべきだ」という、ごく真っ当な意見を述べた軍人や外交官がいました。海軍の山本五十六や、当時まだ外交官だった吉田《よしだ》茂《しげる》などはその筆頭です。

真実を見ようとせず、自分たちの望む未来しか見ようとしなかった開戦派の言霊信者たちが、彼ら正論を述べる人たちを封じ込めるために使ったのが、「本当はお前は怖いんだろう」という言葉でした。

事実、山本や吉田は彼らから「恐米病」や「恐露病」と言われています。

他にもこれに通じる言葉として「何々の手先」というものも使われました。これは「売国奴」と言い換えてもいいのですが、要は「日本が負けるなんて、そんな不吉なことをあえて口にするのは、お前が敵の一味だからに違いない」という理屈です。

でも、これはよく考えればおかしなことです。

たとえば、会社が倒産しそうだったら、倒産しそうだと、まずは真実を明らかにしなければ、会社を救う手立ては考えられません。ただ闇雲に「会社は大丈夫だ、倒産するはずがない」と言っているだけでは、間違いなく会社は潰れてしまいます。

しかし、そのおかしなことを「怖いんだろう」という言葉で押し切って、日本は戦争に突き進んでいきました。

彼らは、戦時下という非常時でさえ、真実、すなわち聞きたくない情報を無視しました。

そして、どうしても無視できない情報は、得意の「言い換え」で誤魔化し続けました。この誤魔化しこそが「大本営発表」です。

実際にはミッドウェー海戦で、主力空母四隻を失うという大惨敗を喫《きっ》していたのに、大本営は「勝っている」と発表しました。

嘘であり、誤魔化しなのですが、彼らは言えば起こると思っているので、勝つためには、実際には負けていても「勝っている」と言う必要があったのです。

戦争をしているわけですから、被害状況や物資の量など、本来ならすべて具体的な数字で客観的に把握しなければならないのですが、それもしていません。

彼らが使ったのは、「我が方、損害軽微」とか、「敵に多大の損害を与えた」といった曖昧《あいまい》表現ばかりです。

こうした言葉による帳尻合わせを、評論家の山本七平《やまもとしちへい》さんは「員数《いんずう》主義」と言っています。なぜなら、日本の軍隊は、たとえば「連隊」は本当なら大隊が四つまとまったものであるはずなのに、「現連隊は三大隊、一個大隊欠」というような言い回しをしていたからです。

「欠」がある時点でそれは連隊ではないのですが、そうした現実に基づく表現をするのではなく、自分たちの希望を叶えるために、言葉だけ換えてむりやりに帳尻を合わせ、希望が叶ったことにしてしまっていたのです。

そんな砂上の楼閣というか、インチキにインチキを重ねた軍隊で、アメリカという物量の軍隊に負けていったというのが、あの戦争の実態なのです。

●闇に葬られた、日米未来戦予測

正確な未来予測があったら、災難は回避できる。

多くの人は、そう思うでしょう。しかし、時には、正確な予測があっても、いやむしろ、正確な予測があったからこそ、それが逆効果となり、災難へと突き進んでしまうこともあるのです。日米開戦がまさにそれでした。

実は、日米開戦から、日本の敗戦までを正確に予測した人がいたのです。

その人の名はヘクター・C・パイウォーター。イギリスの軍事評論家です。

まずは、彼の予測がどれほど正確なものだったのか、ご覧いただきましょう。

「中国における権益問題でアメリカと対立した日本政府は、内政に関する国民の不満をそらす意図もあって、対米開戦を決意する。開戦当初、日本はアメリカより海軍力においてやや優位にあり、その優位を維持し戦局を有利に展開しようと、海軍はフィリピンに奇襲攻撃をかけマニラを占領し、西太平洋の制海権を握る。しかし、生産力に優るアメリカが海上封鎖による持久戦法をとり、中ソ両国も反日に転じ、戦局は逆転する。そして艦隊主力をもって行なわれたヤップ島沖海戦でも日本は敗北し、アメリカはグアム島など南洋の島々を次々に占領し、日本側守備隊は全滅する。さらにマニラも奪い返される。この間、ソビエトは樺太に侵攻、これを占領し、中国軍は南満州を支配下におく。ついに内閣は総辞職するなか、アメリカの爆撃機が東京上空に襲来し、爆弾を投下する。ここにいたって日本は、アメリカ側の講和勧告を受諾し、戦争は終結する。」

日本海軍が奇襲した場所が、実際にはハワイなのにフィリピンになっていたり、ミッドウェーやレイテ沖の海戦がヤップ島沖になっていたりと、多少違いはあるものの、その流れと結末は、驚くほど現実に似ています。

でも、何よりも驚かされるのは、これが太平洋戦争勃発の一七年も前の、大正十三（一九二四）年に発表されたものだということです。

今では知る人の少ないこの予測ですが、当時は何種類もの翻訳本が出版されるほどのベストセラーになっています。しかし、その結果、起きたのが朝野をあげての大反発でした。

この予測を冷静に検討して、もし「日米未来戦」が起きる危険があるのなら、それを回避できるよう対策を立てるべきだ、といった反応はまったくといっていいほど起きていません。パイウォーターの予測に基づく日米未来戦に関する本が次々と出版されて時ならぬ大ブームになったのですが、その内容は、「日本がアメリカに負けるはずがない」というものばかりだったのです。

なぜそうなったのかというと、言うまでもないことです。そう、「言霊」のせいです。

不愉快な予測を聞いてしまったがゆえに、言霊信者である日本人は、その「聞いてしまった嫌なこと」を打ち消すために、朝野をあげて反発、躍起になってパイウォーターの予測を否定していったのです。

日米未来戦に関する、きちんとした予測があったことが、かえって逆効果になったというのは、このためです。

こうなってしまうと、「パイウォーター氏の予測には学ぶべきものがあります」などということは、口が避けても言えなくなります。言ったが最後、非国民にされてしまうからです。

この言霊が問題なのは、日本人の心の中にしっかり染みついている、いわゆる民族的な信仰であるにもかかわらず、そのことを日本人がまったく認識していないということです。

ふたたび同じ過ちを犯さないためには、どうしたらいいのでしょう。日本人は論理的予測と希望的観測の区別がつきにくく、聞きたくないことを聞かないようにするために勝手に情報を歪めてしまう、ということを、自らの欠点としてはっきり自覚し、ことあるごとに修正する努力をしていくことが必要だと、私は思います。

●心の中に巣くう妖怪「言霊」を飼い慣らせ

慰安婦問題で『朝日新聞』はその販売部数を大きく下げたと言われています。では、大きくとはどのぐらいの数字なのでしょう。

情報はハッキリと客観的数字で論じることが大切であることは前述しました。最も信頼できるABC部数(社)日本ABC協会の略)によると、二〇一三年下半期の部数が七五四万三一八一部なのに対し、二〇一四年下半期は七一〇万一〇七四部。

その差は四四万二一〇七部でした。

この数字を大きいとみるか、小さいとみるか、私は、あれほどの騒ぎだったことを考えると、一割も落ちていないのですから少ないと思います。

欧米だったら半分になってもおかしくないと思うし、場合によっては潰れても不思議ではないぐらいの問題なのに、四四万部しか部数を落としていないというのは、いったいどういうことなのでしょうか。

本書では、ずっと新聞の批判をしてきましたが、『朝日新聞』のような新聞がいまだに売れ続けているということは、そういう新聞を求めている人たちがたくさんいる、ということです。

私たちは、まずそのことを自省しなければなりません。

そのうえで、一人一人が正しい情報を求めるとともに、その情報がどれほど耳に痛いものであっても、どれほど聞きたくないものであっても、きちんと聞き入れる覚悟をもたなければなりません。

日本人である以上、言霊に対する信仰は、心の奥に誰でも持っています。

以前、私は『言霊Ⅱ』（祥伝社）という著書の中で、言霊を日本人の心に棲《す》み着いている妖怪のようなものだとしたうえで、この先言霊とどう接していくべきかということについて、次のように述べました。

【言霊という、一見マイナスの価値しか持たないと思える歴史上の、あるいは深層心理の中の信仰も、別の面ではこのような大きなプラスを日本民族にもたらしているのであり、そういう意味で言えば、言霊というものは、抹殺すべきものではなく、むしろ慣れ親しんで、言葉としてはおかしいかもしれないが、飼い慣らすべきものであるのかもしれない。】

今改めて思うのは、最大の問題は、言霊そのものではなく、自分たちが言霊を信じていることを自覚していないということです。

ここでしっかり自分たちの欠点を自覚しておかないと、日本はふたたび大きな過ちを犯すことになるでしょう。

私が危惧《きぐ》しているのは、今まさに「憲法改正」という日本の進む道を左右する新たな決断が目の前に迫っていることです。

憲法九条を守りさえすれば、世の中の平和が維持できると思っている人が多いようですが、それは完全な間違いです。

自分たちがその一つのルールを守ったからといって、相手も同じようにルールを守ってくれるという保証はどこにもありません。

ですから、いざというときに国民を守れるように憲法を変えるべきだと私は思っていますが、そういうことを言うと、必ずと言っていいほど、「戦争を呼ぶ右翼」だと非難されます。しかし、言葉が戦争を呼ぶというのも、憲法九条さえ守れば平和を維持できると考えるのも、どちらも言霊信者の発想です。

私たちの心に棲み着いている言霊という妖怪は、私たちの感情を操《あやつ》ります。

でも、そのことがわかってさえいれば、正しい情報を集め、冷静に判断することで、妖怪の暴走を抑えることができると私は信じています。

同じ過ちをここでまた繰り返さないために、冷静に考え、判断することを心がけていただきたいと思います。

●日本の新聞は、傲慢《ごうまん》なアジテーター

もちろん、新聞の作り手も、自らがしてきたことを反省し、改めなければなりません。

戦前の新聞は、大日本帝国が戦争を遂行することが正しいと信じるがゆえに、軍部をアシストするような情報は徹底的に広める一方で、反発するような情報は徹底して排除しました。

このように情報を勝手に取捨選択してしまった原因は、新聞の作り手の心の奥底に

息づいている、「鼻持ちならないエリート主義」にあります。

これは陸軍の上層部も同じだと思いますが、彼らは、国民はばかだと思っているのです。国民はばかなのだから、迷うような情報を与えてはいけない、というわけです。

もし彼らが国民の知性を信頼しているのなら、自分たちにとって有利な情報も不利な情報もすべて、テーブルの上に広げて、その中から国民に選ばせることができるはずです。

それができないのは信用していないからであり、信用していないからこそ、物事に自分で価値判断をつけてしまうのです。

たとえば日独伊三国同盟締結に関しても、こんなメリットがある、こんなデメリットがあると冷静に公平に客観的報道に終始して、どちらを選びますかというふうにするべきでした。

しかし、彼らの態度は最初から決まっていました。日独伊三国同盟こそ正しい。満州は生命線だ。アメリカはそれを妨害しようとしているのだから、それに対抗するために、われわれも世論を正しい方向に誘導してやらなければならないと考え、人々を正しい方向へ導くためなのだから、情報を操作してもかまわない――と、信ずるようになったのです。

ですから新聞の作り手が反省すべきは、目的が正しければ情報を操作してもかまわないという鼻持ちならないエリート主義です。

この反省ができない限り、日本の新聞はクオリティーペーパーはおろか、ジャーナリズムにもなれません。

では、ジャーナリズムですらない日本の新聞とは、いったい何だったのでしょう。

私は、日本の新聞は近代からずっと「アジテーター（扇動者）」だと思っています。新聞記者がレポーターではなくアジテーターであるというところに、日本の新聞の最大の問題があるのです。

今後もこの一点が反省されない限り、新聞は必ず同じ間違いを繰り返すことになるでしょう。

新聞の読者は、もういい加減に、自分が聞きたくないことでも必要な情報は聞き入れるべきだし、新聞の作り手は、いい加減にもう、読者を指導しようなんていう傲慢な思想は捨てるべきです。

双方が共に変わらないかぎり、いつまで経っても日本の新聞は変わらないでしょう。

切りとり線

★読者のみなさまにお願い

この本をお読みになって、どんな感想をお持ちでしょうか。祥伝社のホームページから書評をお送りいただけたら、ありがたく存じます。今後の企画の参考にさせていただきます。また、次ページの原稿用紙を切り取り、左記まで郵送していただいても結構です。

お寄せいただいた書評は、ご了解のうえ新聞・雑誌などを通じて紹介させていただくこともあります。採用の場合は、特製図書カードを差しあげます。

なお、ご記入いただいたお名前、ご住所、ご連絡先等は、書評紹介の事前了解、謝礼のお届け以外の目的で利用することはありません。また、それらの情報を6カ月を越えて保管することもありません。

〒101-8701（お手紙は郵便番号だけで届きます）
祥伝社新書編集部
電話03（3265）2310

祥伝社ホームページ　http://www.shodensha.co.jp/bookreview/

★本書の購買動機（新聞名か雑誌名、あるいは○をつけてください）

＿＿＿＿新聞の広告を見て	＿＿＿＿誌の広告を見て	＿＿＿＿新聞の書評を見て	＿＿＿＿誌の書評を見て	書店で見かけて	知人のすすめで

★100字書評……新聞と日本人

名前

住所

年齢

職業

井沢元彦　いざわ・もとひこ

一九五四年愛知県生まれ。早稲田大学法学部卒業後、TBSに入社、報道局に勤務する。八〇年『猿丸幻視行』で江戸川乱歩賞受賞。以後、歴史推理小説の分野で活躍する一方、日本と日本人についての評論活動を精力的に展開。歴史についての鋭い考察は「井沢史観」と称され、代表作『逆説の日本史』は現在も連載中。祥伝社新書に『人類を幸せにする国・日本』『なぜ日本人は、最悪の事態を想定できないのか』などがある。

新聞《しんぶん》と日本人《にほんじん》

――なぜ、真実を伝えないのか

井沢元彦《いざわもとひこ》

2015年6月10日　初版第1刷発行

発行者……………竹内和芳

発行所……………祥伝社《しょうでんしゃ》

〒101-8701　東京都千代田区神田神保町3-3
電話　03(3265)2081(販売部)
電話　03(3265)2310(編集部)
電話　03(3265)3622(業務部)
ホームページ　http://www.shodensha.co.jp/

装丁者……………盛川和洋

印刷所……………萩原印刷

製本所……………ナショナル製本

Printed in Japan　ISBN978-4-396-11416-9　C0221

〈祥伝社新書〉
医学・健康の最新情報

314
「酵素」の謎 なぜ病気を防ぎ、寿命を延ばすのか

人間の寿命は、体内酵素の量で決まる。酵素栄養学の第一人者がやさしく説く

医師 鶴見隆史《たかふみ》

348
臓器の時間 進み方が寿命を決める

臓器は考える、記憶する、つながる……最先端医学はここまで進んでいる！

慶應義塾大学医学部教授 伊藤 裕《ひろし》

356
睡眠と脳の科学

早朝に起きる時、一夜漬《いちやづ》けで勉強をする時……など、効果的な睡眠法を紹介する

杏林大学医学部教授 古賀良彦

307
肥満遺伝子 やせるために知っておくべきこと

太る人、太らない人を分けるものとは？　肥満の新常識！

順天堂大学大学院教授 白澤卓二

319
本当は怖い「糖質制限」

糖尿病治療の権威が警告！　それでも、あなたは実行しますか？

医師 岡本 卓《たかし》